U0518238

善書坊

中国文化演讲录

历史的乡愁

熊召政 著

陕西师范大学出版总社

图书代号：WX22N1790

图书在版编目（CIP）数据

历史的乡愁／熊召政著.—西安：陕西师范大学
出版总社有限公司，2023.1
（中国文化演讲录）
ISBN 978－7－5695－3280－7

Ⅰ.①历…　Ⅱ.①熊…　Ⅲ.①中华文化—通俗读物
Ⅳ.①K203－49

中国版本图书馆CIP数据核字（2022）第221265号

LISHI DE XIANGCHOU

历史的乡愁

熊召政　著

出版统筹　刘东风　郭永新
责任编辑　舒　敏
责任校对　彭　燕
装帧设计　观止堂_未泯
出版发行　陕西师范大学出版总社
　　　　　（西安市长安南路199号　邮编710062）
网　　址　http://www.snupg.com
印　　刷　陕西龙山海天艺术印务有限公司
开　　本　889 mm×1194 mm　1/32
印　　张　7
插　　页　4
字　　数　129千
版　　次　2023年1月第1版
印　　次　2023年1月第1次印刷
书　　号　ISBN 978－7－5695－3280－7
定　　价　58.00元

读者购书、书店添货或发现印刷装订问题，请与本公司营销部联系、调换。
电话：（029）85307864　85303629　传真：（029）85303879

目 录

001　楚人的文化精神

019　重建诗意的生活

027　紫禁城与皇家文化

035　让历史复活

045　张居正与万历新政

067　张居正悲剧的意义

079　我的忧患人生

096　文人与商人

113　作家的责任

125　史实精神与当代意识

139　关于辛亥革命的几点思考

148　中国的读书人

169　钓鱼城战役对中华及世界的意义

190　衣冠南渡与江南读书人

211　河流是文明的摇篮

楚人的文化精神

一

很高兴今天能够来到这座讲堂，与同学们做一次交流。在中国九百六十多万平方公里的土地上，如果还有那么几块土地，能够生长我们的民族智慧之树和人文精神之花的话，那么我脚下的这块土地，就是我们的未名湖畔——北大校园，应该属于最肥沃的一块了。因此，来到这里和同学们交流，对我来讲是一种幸运。在这里，我可以感受到很多过往的文化大师的呼吸，描绘他们的学术剪影，他们给了我很多温馨的人文回忆与怀念。今天，我没有能力像大师们那样跟你们进行正宗的学术探讨，我只能简单地说一些我对楚文化的认识与思考。

我曾对朋友们讲过，我们的高考应该出这样一道题目，什么题目呢？就是：为什么我们的民族叫"中华民族"？为什么我们的国家叫"中国"？这个题目里面蕴含着我们这个民族文化的地域流向。中华的最初定义是黄河流域的中部。有一个说法是：山西和陕西交界的地方有两座山，一座是中条山，还有一座是华山，这两座山连在一起被称为中华。由此也可见，中华民族最早的发源地是在黄河流域。伟大的黄河，那是一条流淌着东方人文的河流。在我少年的时候，我曾坐在羊皮筏上渡过黄河，看到了黄河壮丽的落日。我当时不知道这条河流有多么伟大，只觉得它很年轻，很有气势，它的波涛像橘红色的晚霞一样吸引我。后来，当我知道我们"中华"就是在这里产生的时候，我对它表示了敬畏和亲近。

　　中国文化的发源可以追溯到五千多年前，但是向世界散发出迷人光彩却是在春秋战国时期，特别是公元前6世纪到公元前5世纪之间，以及稍后的战国时期，一大批文化巨匠涌现在中国大地上，例如老子、孔子、庄子、墨子、荀子、孟子、韩非子等等，被我们统称为先秦诸子百家。"春秋"一词不仅仅指一个时代，亦是一个哲学命题，这种哲学观念渗透在《易经》之中。"春"为阳之中，"秋"为阴之中。阴阳平衡的状态，就是"中"的状态。这个"中"，就是和谐，就是吉祥。我们的祖国以"中"命名，说明我们这一片土地，以及生活在这片土地上的中华民族，从一开始就是热爱和平的，追求和谐的生活之美的。所以说，"中国"这个名字蕴涵了很深的东方哲学意味。

中华文化虽然诞生于黄河流域，但到了春秋战国时期，它开始向南方的长江流域拓展。当我们的先民逐水而居，慢慢由黄河流域向南方发展的时候，长江就成为继黄河之后的另外一个中华文化的源头了。黄河与长江，都是我们民族的母亲河。两大地域文化，呈现了中华文化的雄奇瑰丽。而长江流域文化最具有代表性的，最早向我们的文明世界发出灿烂光芒的，就是我今天要讲的"楚文化"。与它差不多时间出现的还有巴蜀文化、吴越文化。但相比之下，春秋时期，楚文化最为大气，最为辽阔。巴蜀的巫风，吴越的歌谣，虽然也让人向往远古的风流，但毕竟更能从楚辞与屈原的诗歌当中看到当时南方充溢的魔幻与想象。

二

关于长江文化，我曾说过，万里长江如果按区域划分的话，大致可分为三个文化形态：第一个是巴蜀文化，第二个是荆楚文化，第三个是吴越文化。巴蜀文化展现的是诡异和瑰丽，荆楚文化展现的是辽阔和大气，而吴越文化展现的则是秀美和精细。这三种文化风格不同，各有特色。将其对应于人才来表达，就是巴蜀出鬼才，荆楚出天才，吴越出人才。我这么说，并无意于对这三种人才做优劣比较，只是按照人才的类型和特征进行分类。

中国地形的大致走向决定了区域文化的走向。中国的高山大都在西部，它们一直向东绵延下来，或许中间有大山突起，但是海拔的总体趋势是渐趋平缓的。因此四川有众多的奇山异水，有众多像九寨沟那样美丽的风光。地灵必定人杰，所以它才滋养出了李白、苏东坡、郭沫若等想象奇异的伟大的文学家。按我们现在的话来说，他们都是不按常规出牌的伟人，"得地气之先"嘛。《易经》六十四卦之首乾卦，所对应的方位是西，对应的五行是金，对应的颜色是白色，而中国有很多美丽的雪山都在西部，它们都是白色的。我前段时间刚去了有"蜀山之王"之称的贡嘎雪山，海拔将近八千米，站在雪山之下，我感到耀眼的白色是一种去伪存真的礼赞。在这片神奇的土地上，人才大都充满了诡气。这叫"山水钟灵秀"。

当长江流到三峡，切开夔门流入湖北的时候，这条大动脉便产生了变化。杜甫写过这样的诗句："众水会涪万，瞿塘争一门。"当所有的水，千军万马一般咆哮着冲出窄小的夔门，突然便感到天地是如此的宽阔。这片宽阔的土地就是莺飞草长的江汉平原，就是孕育了灿烂文化的荆楚大地。

古时的楚国，从今天的地理看来，中心在湖北。因此湖北是楚文化的发源地和核心。当年楚国的疆域，就是今天的中部地区，中部六省，除山西之外都是楚国的，包括河南、安徽、湖北、湖南、江西和江苏徐州的一部分。楚国当时地处中原，是兵家必争之地。特定的环境，导致这一区域的人才都有一种非常硬朗强健的风格，所以说荆楚出天才。天才是不可复制的，天才更是不按照游戏规则出牌的。像我写过的明代万历首辅张居正，就是这一类天才。

我们再说说吴越。当长江流过巴蜀与荆楚之后，那些刻在滟滪堆上、刻在荆江大堤上的噩梦般的记忆，一进入江苏，就都化作了桨声灯影。中国南方的母亲河在她的下游如此柔顺，两岸的土地都变得那么温和，那么充满诗意。所以说吴越尽得东南地利，很少有天灾。在历史上，它一直是中国的膏腴之地，真正的鱼米之乡。正由于这样，这片土地上的人很少为生计犯愁，财富蓄积得多，生活必然精致，人也会变得优雅。所以，吴越地区自唐宋，一直到今天，总是人才辈出。这里的人才大都是治世之才，精于理财、治国。天才和鬼才不可复制，但人才却是可以培养的。吴越这种纸醉金迷之地，在历史上也产生了不少温婉的故事，还有"梁祝"这样凄婉的爱情故事。爱情在不同的地域有不同的表达方式，在吴越这片土地上，就是像"梁祝"那样的生死相依，在巴蜀，就是卓文君那样的大胆私奔。这就是一方水土养一方人，一方文化有一方的表现形式。

以上三种文化风雷激荡，交相辉映，一起构成了长江文化的灿烂。这种灿烂既是历史的，也是现实的。作为长江文化最重要的组成部分，我们的楚文化，最早的发源地就在荆江这一段。长江冲出夔门流入武汉之前的这一段，俗称荆江。荆江是因荆山而得名。荆山就是楚国的发祥地。春秋早期，楚国是一个很小很小的侯国，它封闭在荒山野岭之中，就是今天神农架下的鄂西北这一带，叫荆山山脉。楚国八百年的根基，就是从荆山开始筑下的，后人称为"筚路蓝缕，以启山林"。当时，只有数千人的一个小小的部落，在荆山上生息繁衍。他们披着兽皮，穿着极为简陋的衣服，制作粗劣的陶器，谁会想到他们最后会创造出如此灿烂的文化呢。

我刚才看到，大厅里安放着一只安阳市政府赠送的大鼎，是复制的春秋早期的作品，那是黄河流域文化的杰作。前不久，我在湖北随州还看到了曾侯乙墓中出土的那些精美的青铜器，其制造技术远远超过同时期的黄河流域。我不由得赞叹，伟大的楚国先民，经过几百年的奋斗，终于让一个落后卑微的部落发展壮大成为中原霸主，让楚文化成为唯一能够与秦文化抗争的南方文化的代表。这是真正的"中部崛起"啊！它征服过吴越，击败过巴蜀，但杀伐并不是目的，楚人的最可贵之处就是把每一个地方的文化都保留了下来，兼收并蓄，博采众长。这是一种开放的文化心态。当一个部落或民族知识层次比较低，而又有一种急于扩张和壮大自己的雄心时，那么这个部落、这个民族的希望只能存在于"网罗天下之才尽为己用",这种宽广的胸襟,在楚人最早的文化里体现得淋漓尽致。

湖北省博物馆藏有一尊精美的青铜器——鹿角立鹤,荆州博物馆藏有一尊精美的漆木器——虎座鸟架鼓。前者是一只修长的立鹤,却长着一双吉祥的鹿角;后者是卧虎上站着两只鸟,形成一只圆弧的鼓架。可以说,此二者都是楚国艺术的代表作。楚人可以把山中之王——虎,和空中飞翔之灵——鸟,以优美的线条构图,愉悦地结合在一起。这种变形艺术,在今天看来好像很平常,可最早这样做的人,一定是一个伟大的艺术家。

楚文化在这样的发展与融合的过程中,变得非常艺术和具有贵族气,这种"贵族气"会把他们的生活变得非常优雅,非常精致。但是,在用战争来给历史定义的时代,优雅的贵族往往不堪一击。所以,楚人的鹿角立鹤无法抵挡秦国的金戈铁马,最终产生了灭国的悲剧。楚国因为发展文化而灿烂,也因为发展艺术而最终丧失了英雄的称号。所以说,当我们的生活用战争来定义的时候,成熟的楚文化不能显示出它的伟大;当我们的生活以和谐与发展来定义的时候,远古的楚文化的优势便会明显体现。因为它不是一个战争的文化,而是一个艺术的文化,是一个把生活的快乐发挥到极致,把艺术发挥到一个灵性高度的文化。

三

这种文化特点作用于"人",便构成了楚人的精神气象。在这里我要讲三个人,他们身上集中体现了楚文化的特点。

第一个人是卞和。这位楚国早期的贤人,在荆山上发现了一块玉,他自信这是天下最好的一块玉,因此决定把这块玉献给楚王。可是楚王不相信他,他因此被斩断了双脚。但是,不管经历多少难以想象的痛苦,不管经受多少坎坷和折磨,卞和也绝不改变自己的信念,坚信自己手上有一块举世无双的玉。

第二个人是春秋晚期的伍子胥。伍子胥出身于楚国的贵族家庭,三代都是楚国身份显赫的大臣。伍子胥的父亲伍奢,因为反对费无忌对太子建的迫害,遭到陷害,被楚平王杀掉。伍子胥的哥哥伍尚及伍家三百余口人也均被杀害。伍子胥只身逃出昭关时,对暗中帮助他脱离险境的好朋友申包胥说:"我从此以后的志向,就是消灭楚国。"申包胥回答:"如果你灭了楚国,我将重新振兴楚国。"十六年以后,伍子胥带着吴国的大军,把楚国的都城郢都,也就是今天的荆州夷为平地,实现了他复仇的理想。之后,申包胥带着他苦苦求来的秦国救兵复国。我们常常说一诺千金,但真正做到这一点很难。伍子胥和申包胥两人都做到了,他们都是君子,都是英雄,都是贵族。他们两个人的理想截然不同，甚至是对立的，但这并不妨碍他们成为惺惺相惜的好朋友。我认为这一点尤其难得。同时，这也是春秋战国时期贵族政治的特点。政治家们都为理想而生，为理想而死，一旦说到就必须做到，这是何等健康的人生啊！

第三个人是战国时的屈原，他对他的祖国充满了深切的感情。最后他看到楚国覆亡，便义愤地投江而死，表现了"宁为玉碎，不为瓦全"的士大夫精神。

以上这三个人把楚人性格表现得淋漓尽致。从他们身上，我们能看到什么样的气质呢？强悍，刚毅，不屈不挠，绝不拿自己的原则来做交易。他们既不像巴蜀人那样悠闲、怡然自得，也没有吴越人那么谦谦君子。楚国的地理形势决定了楚人的文化品格。刚才我说了，整个中部地区从来都是逐鹿之地，几乎所有的政权更迭都是在这片土地上发生的。中原逐鹿，已成了争夺天下的代名词。楚地长期饱受战争的蹂躏，这片土地上的人们便丧失了他们强盛时期的优雅，更多地以强悍来表现和定义自己的区域文化了。历朝历代，这片土地英雄辈出，但它缺少一些温婉，缺少一些圆融。

那一年我去鸡足山拜佛，在金顶上，一个和尚对我说："夜观云气，中原大地的大乘气象很稀薄。"佛教分大乘和小乘，小乘讲究自修，大乘讲求普度众生。中国佛教属于大乘。我问老和尚，哪儿有大乘气象？他说："西北，在西北的雪山上，有修行的与世隔绝的高人。"佛教讲的大乘气象，其精神表现就是一种圆融，一种谦和。而我们中部更多表现出来的是刚烈。在中国的西部，在很偏僻的深山里都可以看到很精致的寺庙。我到巴蜀，见到那儿每一个寺庙的香火都很旺。这种情况在吴越地区也很普遍。今年5月，我去了浙江宁波的天童寺，感到那儿的晨钟暮鼓依旧敲得像千年前一样响。尽管那里现代化的节奏非常快，可是它依然保留了一些传统的美好的东西，让自己与俗世保持一些距离，保有一块心灵的净土。中部地区，以湖北为代表，就不可能那么优雅。你很难想象陆游，这位浙江人，纵然身历战难，依然保持诗人的童真。他在过四川剑门关的时候，写下"细雨骑驴入剑门"，这诗句多么飘逸啊！面对"一夫当关，万夫莫开"的雄关景象，他依然想到以一个诗人的方式表达自己的情感，在潇潇的春雨中，不是骑一匹战马，而是骑一头小驴子经过剑门关。可是生活在中部地区的诗人，就没有这么从容不迫，这么潇洒飘逸。李白在湖北安陆住了十年，史称"酒隐安陆，蹉跎十年"。他受到楚人的感染，发出的歌声是"我本楚狂人，凤歌笑孔丘"。大概李白是想，我既生活在湖北，就要像湖北人一样敢于藐视孔子。这位诗仙，一点都没有"细雨骑驴入剑门"的优雅，有的是天风海雨似的呼啸。因此从这个角度讲，楚文化鲜明的地域性，虽不具备排他性，但也很难为其他文化所融合。

四

刚才我说的那三个古代的楚人，反映出楚文化发展到中期的特点，第一个是执着。那年，我同我的一个商人朋友讲，我现在准备写历史小说《张居正》。他问我：你准备花多长时间？我说：十年。他听后就跳起来说：十年？你生命中有几个十年？你自己也是经商的，你算算你的机会成本，算算成本有多高，你写小说成功与否是一个未知数，十年是一个已定的时间。你花十年去赌博，去做一件不知道会不会成功的事，值得吗？我当时回答他说：我是一个有"故乡"的人。他说：谁没有故乡啊。我说：不，你没有故乡，你的生活之舟在汪洋大海上漂，漂到哪是哪。而我最终的"故乡"是文学，虽然我一次又一次地离开它，但我会一次又一次地回来。不管我中间去了哪里，最终我都会回来。其实当时我还有一句话没说出来：我这么做是因为我是一个湖北人，我身上有楚人鲜明的特点。伍子胥用十六年时间完成复仇，他成功了；卞和献玉，他不知道他的玉是否会被世人承认并因此变成了终身残疾，最后他也成功了；屈原不愿接受灭国的现实而投江，他写过"虽九死其犹未悔""路漫漫其修远兮，吾将上下而求索"这样的诗句。楚人的这一份执着，薪火传承，一代又一代。这种血液中、生命中的印记，是无法改变的。它流到我这一代楚人的身上，成为我的基因，我的动力。今天，我的书得到了大家的肯定，但是当时我决定拿出十年时间写这本书的时候，在我看是执着，在别人看是冒险。我在写作《张居正》的过程中，没有任何功利的心理影响我。我非常敬仰屈原。他在投江自杀前有这样一段故事，一个渔夫劝他：你为什么一定要按你的生活方式生活呢？你应该迁就世俗，接受命运给你的安排。但是屈原不接受，他拒绝把自己的理想与生命进行交换。这就是活得有原则，活得有理想，这个理想和原则，就来源于执着。

楚文化发展到中期的第二个特点，是担当——担当天下事，慨然以天下为己任。我看过一部明人写的札记，其中记载了这样一则故事：燕王朱棣住在北京的时候，一直很想从他的侄儿手上抢走皇位，可是他犹豫不决。于是他请来了相面大师袁珙。袁珙到了北京后，很惊讶怎么街上的贩夫走卒都有英雄气概，都有王侯之相。见到朱棣之后，袁珙围着燕王转了三圈说：殿下天生龙种，长髯过脐，日后必得天下。三年后，四十四岁的朱棣当了明代第三个皇帝。北京城里的贩夫走卒因为跟随他参加"靖难之役"，从北京打到南京，所以都成了功臣。论功行赏，有的当了诸侯，有的当了将军，果然应了袁珙的判断。那一年，我到红安县采风，这个县是有名的将军县，出了两百多名将军。离开时，县里领导一定要我写一点东西，仓促之下，我写了一首诗："我爱红安五月花，杜鹃如血血如霞。如何二百屠龙将，尽出寻常百姓家。"为什么那么多农民出身的孩子，最终都成了共和国的将军呢？这就是楚人的担当精神的表现，那是一种摧枯拉朽的伟大力量。但是这种担当是要付出代价的。在伍子胥那个时代，实现理想还比较容易，因为那个时候，中国还没出现那么多的权谋。所以我说春秋时代的政治是一种贵族政治，伍子胥身上有着英雄加贵族的气质。两千年之后，轮到张居正来挽救明代国运，那是一个遍地小人的时代。一个英雄要实现他富国强兵的愿望，实现他书生的梦想，就不得不面对那么多的小人和陷阱。所以，张居正在上任之初，说过一段话："虽万箭攒体，不足畏也。"意思是我现在当了首辅，为了富国强兵的理想，哪怕前面都是陷阱，哪怕乱箭射穿我的身体，也绝不后悔。李清照写过一首诗，其中两句是："生当作人杰，死亦为鬼雄。"而真正做到"生当作人杰，死亦为鬼雄"的就是伍子胥、屈原、张居正这样一些英雄人物。

　　楚文化发展到中期的第三个特点就是富有艺术性。小时候听人说"钟鸣鼎食之家"，我就感到很奇怪，"钟鸣鼎食"是什么意思？后来随州出土了曾侯乙编钟，我才知道，钟鸣是古代最好的交响乐，是在家人吃饭时敲响的。把生活极度艺术化，这是楚国人割舍不下的一种享受。要特别澄清的一个事情是：让国家沉浸在艺术氛围中是一件好事，但是，如果政治家以艺术手法和方式来管理国事，那恐怕就是一种谬误，就会出问题。中国历史上有两个很有艺术气质的皇帝，一个是南唐李后主，一个是宋朝宋徽宗，最后两个人都成了亡国之君。李后主所有的才情，换得的是"最是仓皇辞庙日，两行清泪对宫娥"这样一种结局。所以，政治的艺术和艺术的政治是两回事。政治的艺术有一种特定的艺术思维，给政治注入想象力。这是楚人出身的政治家的一大特点。怎么理解这句话呢？比如说，张居正在处理和蒙古的边境问题时，他面对的现实情况是：自从明代开国以来，两百多年间，汉人和蒙古人的战争，从来都没有停止过。虽然蒙古人需要汉人的茶，汉人需要蒙古人的马，可是双方都不给予对方交易的便利，每年只有很小一部分的官方交易，就是"茶马交易"。在明朝方面，不可与异族通商，这个制度是祖宗定下来的。大家知道，在中国古代，凡事一涉及制度问题，就很难突破，哪怕明明这制度已不符合时代的需要，也不能更易，这就是国家停滞不前的原因之一。张居正上任以后，制定了一个政策，就是在蒙古人聚集的地方，设立多个贸易点，最大的一个贸易点叫板升。这是一个很大胆的设想，是突破祖制的壮举。当时，有很多大臣以"违背祖制"为由而极力反对这件事，但张居正顶住压力，把这件事办成了。此举不仅解决了当时汉、蒙两族之间的战争问题，而且让边境地区的居民从此安居乐业。这个地方就是今天内蒙古自治区首府所在地——呼和浩特。因为政治家的一项决策，塞外的茫茫荒原上诞生了一座城市，这就叫政治的想象力。不以常规处置国政，不以教条治理国家，而是用一种变通、崭新的思维来处理问题，这就是政治的艺术。这种艺术促进了国家的进步，是人民的福祉。

五

我们任何一个人，不管是政治家、文学家，还是企业家，在创造自己的事业时，都面临着多种选择，但是有一个是你没有办法选择的，那就是时代。你说我要当伟大的诗人，但我必须回到唐朝去，这可能吗？马克思说：我们不能选择历史，但是历史选择了我们。我们不能选定时代来创造我们的事业，但是我们可以给这个时代新的定义，重新演绎我们生活的方式。有人讲，如果我生活在唐代，我会和李白是好朋友，在宋代，会和苏东坡成为很好的朋友。我说，这是不可能的，历史不给你这种假设。历史只给你今天，只看你能否做今天的李白，今天的苏东坡。你不要去做历史的猜想者，你要积极而健康地处理你今天要做的每一件事情，要写的每一部作品。

古今中外，所有的政治家都把自己的国家当作一个作品来不停地修改。在中国，一代一代的政治家改来改去，到现在，我们的"中国"有多少个版本？汉代是"大汉雄风"，唐代是"盛唐气象"，明清有明清的版本，今天有今天的版本。你说哪一个版本是最好的呢？我们可以回头看过去，却很难说应该仿效哪一个版本。因此，今天的作家都有责任，把中国的不同版本生动地展现给大家看；而政治家的任务尤其重大，就是要从历史中开掘精神资源，来领导人民完成民族复兴的伟大事业。这个过程是艺术的过程，是筛选的过程，是创新的过程，既有理性也有激情。我们楚文化，在历史上曾经绽放出灿烂的光芒。但是我刚刚说过，当用战争定义我们的生活的时候，这个文化，立刻就像"鸡蛋碰石头"一样，不堪一击。为什么我们的楚人那么强悍，而我们的楚文化又有脆弱性呢？我想这就是文化的两端。

在今天的改革开放中，再不是"遍地英雄下夕烟"了，社会根据自己的需求，变成了"遍地商人下夕烟"。去年，有一位领导问我：你认为我们的楚文化在新的时代下，对"中部崛起"是具有帮助作用还是起到制约作用？我当时笑了笑，回答说："摇钱树"从来不可能长在疾风暴雨的环境中，也不可能长在贫瘠的土地上。如果我们要提高经济发展水平，那么我们就要增加包容性，而稍减我们的刚毅性。这片土地上曾经诞生过一个口号，影响很大，是农民起义领袖陈胜提出来的："王侯将相宁有种乎？"这就是西方所说的不想当元帅的士兵不是好士兵。这个口号为培养天才而提出是可以的，但作为建设中的团队的精神就欠妥。有人称湖北人为"九头鸟"，认为我们每个人都想当头，大家都想当领导，缺乏一种和谐，缺乏团队精神。一鸟九头不好啊！治世时，就会政出多门，就会扯皮拉筋窝里斗。所以我说楚文化融入当今的时代，第一个要做到多一点包容，第二个是要减少一点个人主义色彩，就是说把天才的心态收一收。一片土地的风调雨顺，首先是每个人心理上的风调雨顺。有这种"天人合一"的状态，"摇钱树"才有可能在这片土地上长成参天大树。一个伟大的国家，绝不可能是经济上的巨人，文化上的侏儒。当和谐不是一种愿望，而是一种现实时，我们的土地上还会产生老子和孔子，还会产生屈原这样一些文化巨匠和伟大的诗人。当前的中国，它提供的社会空间比过去的任何一个时代——不管是财富聚集的时代，还是群雄聚集的时代——都要大得多，我们的文化视野也变得更加阔大。我坚信，当今之世，一流的政治家、一流的文学家都会出现，一流的企业家和商人也会应运而生。

最后一个问题，不断有人问我："楚文化可以改造吗？"我的回答是可以的。当然，这个改造不是像动手术那样改造，没有那么简单。文化的改造无异于基因的改造，过程是非常艰难的，不是一代人可以实现的。每一个人都要从自己做起，从每一件小事做起。当我们大家都变成谦谦君子的时候，我们的这片文化土壤上就会生长繁茂的奇花异草，楚文化的再一次兴盛也将指日可待。当然，我们的兴盛并不是对历史文化进行毫无选择的继承，而是重建我们的文化长城。"但使龙城飞将在，不教胡马度阴山"，要使"胡马"不度"阴山"，除了"飞将"之外，我们还要有"长城"，新的文化长城没有建立，我们就不知道我们"故乡"的区域有多大，就不知道我们祖国的文化有多么宽阔。

我的演讲到此结束，谢谢大家！

2006年11月24日

在北京大学的演讲

重建诗意的生活

一

近年来，有一个声音令人颇为兴奋，那就是保护我们的环境，重建美丽的家园。

人类的历史是一部冲突与竞争并存的历史，它每前进一步，在获得新的生活的同时，也得到了新的忧患。改革开放二十多年来，中国的经济建设取得了举世瞩目的巨大成就。我们的改革开放有着无穷的动力，将整个中华民族的创造力顷刻间释放了出来。

今天，我们走在北京、上海、深圳等现代化大都市里，面对那么多撼人心魄的风景，有谁不为我们这个民族选择的发展方向而骄傲？但是，当我们放宽视野，看到广袤国土上日渐萎缩的森林、污染严重的河流、日益扩大的沙漠以及城市里混浊的空气时，我们是否还能保持一颗快乐的心呢?

之所以这样说,是因为我看到,在把追求财富当成社会前进的主要目标时,整个民族形成的心理趋同,已经产生了一股巨大的颠覆性的力量。这股力量既能颠覆贫穷,也能颠覆我们这个民族特有的与自然两情相悦的理想生活。

中国的《易经》,是探讨人与自然关系的一部充满智慧的哲学大书。它的主旨,是探讨"道"的盈虚消长、穷通变化。所谓道,即客观存在的自然法则。在这个法则里,人不可能成为自然的主宰,而只能是自然的一部分。我们的祖先看到这一点,因此提出了"天人合一"的观点。从这一观点出发,老子写出了《道德经》。在这部体现了东方智慧的著作里,老子告诉我们,只有遵循自然法则来处理自己的事务,或者说规范自己的生活,我们才能拥有真正的美德。道与德的完美结合,就是古人所推崇并追求的"天人合一"的境界。

遗憾的是,人类的生活,很少能达到这一理想化的高度。贫穷的压力以及对财富的永无休止的渴望,让我们许许多多的同胞,自觉自愿地被改造成经济动物。在这种生存状态下,人已丢失了理想,支撑他们生命的,只有目的和动机。

二

我并不认为某一种社会形态下的文化模式是一成不变的，甚或是神圣不可侵犯的。但是在中华民族的传统中，对自然的钟爱，对宇宙的敬畏，以及悲天悯人、忧患长存的智者情怀，等等，我们的确不应该舍弃。

人与自然的完美结合，不但产生了历史久远的农业文明，也产生了我们诗意的生活。魏晋时期的陶渊明，为我们设计了一个"桃花源"；唐代的王维，为我们描绘了一个迷人的辋川。这两位才华横溢的大诗人，都把自己向往的居住环境描画成了童话的世界。在古人看来，人与自然的关系，不仅仅是物质的，同时也是精神的，换句话说，美丽的家园亦是精神的故乡。

我个人认为，一个人精神世界的成熟，有两个显著的标志：一是充满爱心，二是存有敬畏。处理社会与自然的关系，先哲的态度是"有所为有所不为"。有所为，是因为我们有爱；有所不为，是因为我们有敬畏。

爱与敬畏，不仅仅是我们处理人类事务的法则，同时也是与自然相处的法则。诗仙李白优游于山水，发出了"相看两不厌，只有敬亭山"的感叹，从物我相吸到物我两忘，人与自然已经融合成一个美丽的整体；爱国词人辛弃疾行舟于水上，发出了"我见青山多妩媚，料青山见我应如是"的歌吟，这种充满爱意的表达，不仅仅是人的倾诉，更是自然的声音。

英国人文学家雅可布·布洛诺夫斯基讲过："人是非凡的，并不因为他从事科学，也不因为他从事艺术，而是因为科学和艺术都是人类头脑惊人的可塑性的表现。"中国二十多年来取得的经济建设的成就证明了这一点，中华民族虽然古老，但它的可塑性依然无与伦比。

三

每一个时代都有属于自己的弄潮儿，但历史的经验提醒我们，一个国家的命运不能与弄潮儿的兴衰联系得太紧。由此我想到：让一个民族消沉下去，或者亢奋起来，都不是一件难事。但让一个民族理智起来，并保持恒久的激情，则需要非同寻常的政治智慧。

对财富的渴望，使我们亢奋。现在，重新摆正人与自然的关系，建设诗意的生活，能否再次调动我们的激情呢？

诗意的生活包括了很多内容，诸如安全感、舒适感、优雅的环境等等。幸福与财富虽然有着直接的联系，但财富并不等同于幸福。财富可以满足一个人物质的需求、感官的享乐，却不能让人获得心灵的平静，更不可能帮助我们获得仁慈的心、道德的美感。多少年来，科技兴国的口号已深入人心，对于提升国力、获取财富，科技无疑是最为强劲的驱动力。但对于人类的心灵，科技却显得束手无策。换而言之，幸福不是一个技术的概念，而是一个心灵的概念。现在，我们讲以人为本，就是要时刻关注民生福祉，建造诗意的生活。

我所说的诗意的生活，应包括人与自然两个部分。古人言："仁者乐山，智者乐水。"这里的仁智之士，即我们今天所说的知识精英。任何一个时代，那些与自然为敌的人，都会遭到知识精英的痛斥与批判。当今之世，作为社会良知的知识精英，已日益被边缘化。物欲膨胀而带来的拜金主义、享乐主义淹没了智者的声音。面对经济腾飞背景下的道德真空，以及人与自然关系的极度扭曲，我们的知识精英，绝不能仅仅发出"前不见古人，后不见来者。念天地之悠悠，独怆然而涕下"的哀叹，而应该真诚地告诫国人：以人为本，不能只强调人的物质的一面，更应该关注人的精神的需求。所谓诗意的生活，它对应的不是物欲横流，也不是人定胜天，而是人与自然的相亲相爱。

四

佛家说，有多少执着，就有多少束缚。

我们不能简单地把"佛"理解为一个宗教的概念。中国的汉字赋予它特别的含义：人为为伪，人弗为佛。这意思是：凡是人所刻意追求的东西，就一定是伪的，不合乎天道的；凡是人所不肯为的，就必定是佛的境界。

中国的先哲，由此悟到机心与道心的区别。机心，指一个人处理事务的方式以利益至上，有伪的成分；道心，就是顺应自然的规律，培植悲天悯人的优雅情怀。禅宗五祖弘忍告诫弟子要"看住自家心"，就是提醒他们不要坠入执着与妄想之中。

遗憾的是，在财富至上的现代社会中，我们的机心越来越发达，变化多端，迷不知终其所止；我们的道心却日渐迟钝，犹如古道西风中的瘦马。人类偏离了理想的轨道，迷失了生活的方向。人与自然的相亲，变成了人对自然的掠夺。人类越来越自私了。在提倡"天人合一"的中国，这一点也不能幸免。自然中所有的物质，不管是森林、河流、矿山或土地，还是小心翼翼生活在远离人烟地区的藏羚羊，或者是藏于春天深处的蛙鼓，都被贴上商标，以榨取金钱。如此作为，似乎只有一个动机，即在全球的财富争夺战中，得到一个名次。

从道心出发，我们可以合理地利用自然，开发自然；从机心出发，我们的所有活动都体现出极端的功利性。为了暂时的辉煌，我们不惜伐林驱雀，竭泽而渔，这是多么愚蠢，又是多么可悲的举动啊！

说到这里，请允许我讲一个小故事。

三十五年前，我作为一名知识青年被下放农村，在大别山深处一个小小的村落，一位年届五十的老农民接待了我。这位农民一辈子到过的最远的地方，就是二十里路外的区政府所在的小镇。狭窄的视野，使他对生活没有任何奢望。他没有故乡的概念，因为他不是浪迹天涯的游子。闲谈中，他听说我到过北京，便问我见过毛主席没有，我说没有。他顿时感到十分诧异，问道："你和毛主席住在一条街上，怎么见不到他呢？他难道早晨不出来挑水，也不出来买菜吗？"听到这句问话，我立刻笑了起来，这是一种嘲笑。去年，我又回到了那个小山村，老农民还健在，已经八十多岁了。他的笑容仍像当年一样憨厚，仍然过着那种"日出而作，日落而息"的劳动生活。所不同的是，村子周围的山林都分给了农户，老农民将属于他的那片山林上的树木，培植得非常茂密。他领着我走进那片山林，告诉我这些树是怎么种的，这一棵树为什么长得很快，那一棵树为什么长得很慢。什么时候，林子里出现了锦鸡；又是什么时候，豹子在这林子里叼走了山羊……他娓娓道来，没有任何惊世骇俗的故事，但我仍被他的话深深吸引。很多人过分地矫情，到处都是"真士隐去，假语村言"，可是，在这个老农民的口中，我听到了已经久违的童话。我当年嘲笑了这位农民，现在，这位农民用他平淡无奇的生活，嘲笑了我们整个时代。

这位老农民不懂得科学，也不会想到借用那些稀奇古怪的名词来装饰自己的人生，但我依然敬重他生活的智慧。他的生命中，充满了爱与敬畏，所以他没有机心。在力所能及的范围内，他建造了诗意的生活。

20世纪初，蔡元培先生阐发明代大儒王阳明的观点，提出"知行合一"。一百年过去了，这口号不但没有过时，反而更显出了它的紧迫性。正确处理人与自然的关系，我们不但要"知"，更要身体力行。几年前我到西安，专程去了一趟辋川，结果大失所望。王维笔下的人间仙境已不复存在，既无蓊郁的松林掩映明月，亦无潺潺的清泉在石上流淌，眼前所见，是一片裸露的黄土地。毋庸置疑，这是人伤害自然的结果。在我们的生活中，土地的沙漠化与感情的沙漠化是同时进行的。重建美丽的自然，我们不能没有爱，构建诗意的生活，爱更是须臾不可或缺。我衷心希望，诗意的辋川重新回到荒凉的西北，爱与敬畏重新主宰我们的生活。

2004年10月11日

在中国海洋大学的演讲

紫禁城与皇家文化

"故宫"这两个字在中国的文化中很有分量。

郑欣淼院长提出了"故宫学"这样一个思路，冯骥才先生也从他的研究方向上将其条理化。我个人认为，一门学科的建立应该具备一些基本的条件。我将这些条件归纳为四个方面：第一，它是丰富的，又是独特的；第二，它有自己的主干，同时又是多元的；第三，它有自己发生的源流，也有发展的脉络；第四，在所有的文化中，它是不可替代的，这是最重要的一点。用这四点衡量，建立"故宫学"的条件都够了。昨天晚上，我和故宫的学者们在一起也聊过这个话题。故宫在我的心中，既是肃穆的，也是灿烂的；既是庄严的，也是冷酷的。它是中国古代文化中最丰富的，也最神秘的一部分。我因为写作《张居正》这部长篇历史小说，所以对故宫，也就是历史中的紫禁城开始了一些肤浅的研究。

我第一次来故宫是上世纪80年代初，第二次是1985年，带着我的老母亲来的。我们参观了太和殿，我对母亲说，太和殿就是金銮殿，是以前皇帝上朝的地方，老太太的两腿就站不住了，就要下跪。她觉得这个地方太神圣了。这反映了民间老百姓对皇宫的感情，也就是敬畏。有了这种敬畏，如果你是一个学者，你就知道有所为有所不为，如果你是老百姓，你就不会觉得老子天下第一。然而，这样一种感情，几十年来在我们的学者中已经退居次要位置了。对我们民族过往的历史，他们要么是虚无化，要么是批判，这样一种现象影响了好几代读书人。当然，我并不是一个国粹至上者，对传统文化中的糟粕我也主张批判，但我们泼脏水时，总不能把盆里的孩子一起泼掉。

当一个民族的主体文化开始受到破坏的时候，再来批判它，那是一种毁灭性的打击。今天，温文尔雅的传统文化离我们越来越远，年轻人对它越来越陌生。产生这种局面，固然有多方面的原因，但敬畏感没有在我们的学者中保有足够的分量，也是重要原因之一。

我认为，故宫的主流文化就是皇家文化。关于皇家文化的定义，刚才阎崇年先生已经说得很透。皇家文化的构成，必然是这个民族、这个国家最精粹的部分的集中。定都北京，乃是因为东北的少数民族的崛起，所以皇家文化在北京的发展和确立，间接受益于东北少数民族的崛起。

历史有它的大流程，在中国，皇家文化发展最盛的是两个城市，一个北京，一个西安。如果把整个中国比作一个太极图，那么，北京和西安就是这个太极图中阴阳鱼的眼睛。东北与西北，在中国八卦中都属于吉地。这两块吉地，成就了北京和西安。北京成为国都，当然也有一些契机。永乐皇帝，即当年的燕王朱棣被分封到这个地方来的时候，这个地方的文化已经有四百多年（从五代十国一直到明代建立之前）不归属于中原文化了。燕云十六州一直归契丹人建立的辽国，后来又归于女真人建立的大金国。其间，北京曾是辽国的南京、金国的首都。由于国家的分裂，中原人对燕云地区已经有些陌生了。朱元璋分封儿子的时候，把他最能干的第四个儿子朱棣封到北京为燕王。朱棣打到南京夺取皇位以后，也不敢贸然宣布迁都，只是把北京当作行在，并让他的儿子在南京监国。但他一直都有迁都的打算，所以他当了皇帝以后，就一直没有停止在北京的建设。他用了十五年的时间建设北京。永乐十九年（1421），朱棣正式迁都，北京便成了名副其实的首都，而南京则降为留都。

迁都的第二年早春，北京新宫中的宫殿遭雷击起火，烧得墙坍壁倒。在明代，这是很严重的上天示警的信号。示警的原因是什么呢？朱棣看不明白，便赶紧去问在京官员，收集意见。其意是看看皇帝有什么错误，引得老天爷把新的宫殿烧了一角下来。当时有一个叫萧仪的官员，他说老天爷示警就是因为你把首都从南京迁到了北京，把大明社稷的龙脉撂在了江南。尽管永乐皇帝非常想征求意见，可是这条意见还是让他雷霆大怒，几乎没有进行任何审判，就把萧仪抓起来杀掉了。他为什么要这么快杀这个人？因为他花了十五年的心血，想办法把都城从南京搬到北京，在一年的时间内，反对的声音就一直没有压住。为什么压不住呢？因为反对迁都的人也有一个强大的后台，这个后台就是太子朱高炽，即后来的仁宗。朱棣这么快杀掉萧仪，就是杀给他儿子看的。杀完了，依然有不少官员为萧仪喊冤叫屈，觉得就为这么点事把人杀了，太过残酷。朱棣知道迁都的争论还没完，还有人想借此说事，于是想了一个奇招儿，下了一道圣旨，让迁都的赞成派与反对派都到午门广场上辩论。

那天是清明，天气阴冷，下着雨，所有反对迁都的官员都跪在午门右边，赞成迁都的人也没有受到善待，跪在另一边。朱棣说你们两派都跪在这里给我辩论，到底该不该迁都，一天没有辩完辩两天，两天辩不完辩三天，一直到辩出结果来。辩了两天半，官员们都跪不住了，就不辩了。朱棣就是用这种非常强势甚至是蛮横的方式来处理迁都的争论的。但是，在这件事情之后三个月，他就死了。他本不愿意把皇位传给太子，他觉得太子有三个方面让他不放心。第一，太子不会骑马，太胖了，缺乏英雄气概。为此他经常"修理"太子。有一次，他上天寿山视察陵寝，故意整太子，他说，我们都不骑马，也不坐轿，往上走。太子太胖，根本走不动。朱棣说，走不上去也要走。两个太监搀着太子，几乎是朝上爬的。朱棣不喜欢太子的柔弱，认为没有英雄气的人，不足以君临天下。第二，太子对江南的眷恋令他不满意。太子长期在南京监国，对"南朝四百八十寺，多少楼台烟雨中"的江南产生了心理依附。作为普通人，有这种依附是可以的，作为一国之君，这则是一种危险的倾向。第三，朱棣常年征战，五次打东北、打蒙古，进行了很多场战争，太子负责物资供应，但由于军费开支太大，常常无法筹措到位。朱棣不考虑国家财政的困难，只觉得是儿子的能力问题。但是，朱棣非常喜欢太子的儿子，就是他的太孙——太孙在北京长大，一口京片子，一点南方腔都没有。针对这个情况，同情太子的大臣们为了保全太子，就说这个皇太孙是万年天子，如果废掉太子，太孙就当不上皇帝了。朱棣为了保住太孙的继承权，最终没有废掉太子。

太子一登基，就立即成立了一个迁都办公室，决定把都城从北京迁回南京。但这个迁都办公室的工作还在如火如荼地开展时，仁宗却病死了，他只当了十个月的皇帝。他的儿子，即明朝的第五位皇帝宣宗。宣宗登基后做的第一件事就是撤销迁都办公室，因为他是在北京长大的，一到南方就长疮，水土不服。所以我说北京的命运，是由历史的某种机缘决定的。有了首都才有了紫禁城，有了紫禁城才有了皇家文化。如果北京不是首都，皇家文化就不会植根于北京。所以说，北京的幸运也带来了皇家文化在这里的兴盛。

阎崇年先生提出一个问题：为什么中国自秦以后的历史，前一千年是东西摇摆，后一千年是南北摇摆？这的确是一个很有趣的问题。东西摇摆的时候，西安成了轴心；南北摇摆的时候，北京就成了轴心。东西摇摆的时候，是游牧文化占中华文化的主导地位，而南北摇摆的时候，则是农耕文化成为国家文化的主流。在农耕文化的形态中，东北与塞外的游牧民族越过北京，就无法找到草场，而南方人从北京往北走，不但无法耕种，而且水土不服。所以，北京正好是游牧与农耕的接合部。真正在北京建都的第一个人是大金国第四个皇帝完颜亮。他主张把大金国的首都从哈尔滨近郊的阿城迁到北京时，遭到的反对比朱棣迁都时遭到的反对还要多。完颜亮一把火烧毁了金上京的所有宫殿，还把大金国开国皇帝完颜阿骨打、太宗完颜吴乞买两人的尸骨挖出来，抬到北京，埋在了房山。所以北京的建都历史，应该从完颜亮开始。此后，忽必烈在这里建立元大都，又统治了一个多世纪。契丹人、女真人、蒙古人都对北京的建设做出了贡献。所以说，紫禁城文化是多民族融合的文化。北京皇宫的文化和南京皇宫的文化不一样，风俗差异也特别大。南京的皇家文化是单一的汉族文化，而北京的皇家文化是多民族文化融合的复合型文化。我觉得皇家文化是我们故宫学的主干文化。像我们说的陶瓷、书法、绘画、家具、建筑、珠宝等等，每一个方面都像一片叶子、一朵花，都必须有一棵树才会灿烂，才会丰富，否则就像碎片一样，而皇家文化就是这棵树。

每次我走进故宫，都喜欢研讨一些问题。有一次我带了一张明代紫禁城的地图，进去做了一个对照，发现很多都对不上了。清代对紫禁城进行了多次改造。明朝时期，第一个将江南文化引入北京的就是燕王朱棣。在那之前，江南的文化在北京没有地位。我们如果不是从物质层面，而单从政治层面来看明代或清代的皇宫文化，就会闻到一股很浓的血腥味。紫禁城的建筑，在明清时期几乎都发生过震撼历史的事件。就说午门吧，在明代，它是皇帝接受献俘、廷杖大臣与举办鳌山灯会的地方。廷杖，是皇帝处罚大臣的一种方式，它既是刑罚，也是侮辱。明朝有不少大臣在午门广场上遭受过廷杖。最大规模的一次是武宗的时候，三百多官员一起挨板子。明朝的皇帝侮辱人"成瘾"。朱元璋天生的多疑性格，传给了后世的皇帝，一个个都猜忌、多疑、刻薄，因此发明的处罚官员的刑具，便兼有折磨与侮辱两大功能。所以说，我们研究皇家文化，既要研究物质的一面，也要研究非物质的一面；既要研究美的，值得继承和发展的，也要研究恶的，要批判和警惕的。

因此，故宫学如果要真正地建立起来，就应该组织专门力量分门别类地进行研究，研究故宫学实际上就是研究中华民族封建时代的主流文化。

很有幸在紫禁城学会举办的第一次高峰文化论坛上发表讲话。希望紫禁城的传统文化论坛能够经常举行。在下次的论坛中，组织者可事先准备一些题目，让参加者就这些题目发表一些自己的研究成果和看法。谢谢大家！

2007年10月26日

在故宫博物院的演讲

让历史复活

一、从皇帝与宰相谈起

近些年，帝王小说兴盛，甚至到了泛滥的地步。分析这一现象，不能不看到这是中国的知识精英与一般民众都对皇权充满崇拜的结果。我们在批判极权统治的时候，往往会把这责任一股脑儿地推给统治阶级本身，殊不知崇拜皇权的民族心理，也是极权统治存在的土壤。

我曾对人讲过，要想弄清两千多年来中国历代皇权统治者或曰国务活动家的基本特征，应该着重关注两个系列的人物，一是从秦始皇到光绪的皇帝系列，二是从李斯到翁同龢的宰相（或相当于宰相）系列。若将这两个系列的人物做大致的分析比较，不难看出，优秀的宰相远多于优秀的皇帝。关于治国的能力，帝王系列的人物表现出的是一条总体向下的曲线，而宰相系列的人物则始终维持在一个相对高的水平线上。细究个中原因，乃是因为皇帝是世袭制，而宰相则多半是凭着真才实学一步步攀上权力高峰的。因此，除了改朝换代留下赫赫文治武功的开国皇帝以及为数不多的明君，更多的帝王都如过眼云烟。虽然他们生前都拥有绝对的权力，但死后，他们的声名，却比春花凋谢得更快。更有趣的是，一个暴君或一个庸君的身边，往往都会有一个聪明的善于协调、平衡各方面关系的宰相。尽管这样的宰相多半都会"以身殉职"，但正是由于他们的斡旋与努力，国家才不至于动荡，世袭的皇权才得以延续。诸葛亮在他著名的《前出师表》中表述的"鞠躬尽瘁，死而后已"，应视作中国宰相们政治生涯的生动写照。

恕我不敬，中国的皇帝中，除了屈指可数的英明君主外，更多的是荒唐与平庸的人物。宰相则不然，他们中产生了一大批非常优秀的政治家，商鞅、萧何、诸葛亮、魏徵、赵普、王安石、刘伯温等一些在民间广为流传的人物，莫不是宰相出身（即便没有宰相的头衔，也都干着宰相的事业）。当然，宰相中也出过李林甫、秦桧、贾似道、严嵩之类的奸佞，透过他们，我们亦可了解中国古代政治生活中的淫邪与残暴，是怎样在精心设计的权术中达到极致的。中国有帝王术，专门研究如何当皇帝，却没有一部宰相学，来探讨这一特定职位上人的领导艺术与政治智慧。毋庸讳言，是东方古国长达两千多年的极权统治，导致了这种缺失。

宰相这一阶层的人在人格上具有两重性。一方面，他们是"学而优则仕"的代表，以"士"的身份走上政治舞台，因此有着强烈的"先天下之忧而忧，后天下之乐而乐"的意识。另一方面，他们崇尚的道德与残酷的现实大相径庭。如果要建立事功，他们必须学会隐藏自己。宰相与其说是为国服务，不如说是为皇帝效劳。看皇帝的眼色行事，使他们不可能保持独立的人格。他们既要曲意承上，又要"大庇天下寒士俱欢颜"；既要心存社稷，又必须"王顾左右而言他"；他们既是帝师，又是奴仆；他们中有人为虎作伥，弃道德如敝屣，但若稍有不慎，自己也就成了祭坛上的牺牲品。

大约在20世纪90年代初，我开始对中国的宰相们产生兴趣。这种兴趣就给我带来了创作上的冲动。我无意写一部宰相学，但想寻找一位合适的宰相，通过他的政治生涯，来再现一段在中国文明进程中具有典型意义的历史。经过长达数年的研究，我才选取了明万历年间的首辅张居正，作为我历史小说中的主人公。

二、关于张居正的思考

选择张居正，我基于三个考虑：第一，他是典型的"士"的代表；第二，他所领导施行的万历新政，比之商鞅、王安石推行的改革要成功得多；第三，明代的国家体制对后世影响非常之大。

说到明代，我不得不遗憾地说，与汉、唐、清这些大一统的王朝相比，它值得称道的地方并不多。农民出身的朱元璋，得了天下之后大肆屠戮功臣，因害怕大权旁落而一连诛杀三位宰相，并永久废除宰相制。终明一朝，冤狱不断，动荡不断。由于对大臣们不信任，朱家皇帝还创设东厂与锦衣卫两大特务机构，对大臣们实行恐怖镇压。另一方面，皇室怙权而又贪图享乐，导致宦官乱政。王振、刘瑾、魏忠贤三位司礼太监对朝政造成的伤害，恐怕为历代宦官之最。特务与宦官，这国家政治生活中的两大毒瘤，是朱明王朝留下的最为可怕的政治遗产。

明朝初年，朱元璋与朱棣两位皇帝对功臣与士族大开杀戒，并未涉及底层百姓。经历了连年战乱的庶民，因此获得了一个相对平稳的休养生息的时期。从洪武年间到仁宣之治的大约六十年时间里，老百姓安居乐业，经济富裕。但从正德时期开始，由于正德皇帝骄奢淫逸，接着，嘉靖皇帝横征暴敛，民不聊生的局面开始出现并日益严重。在城市里，官僚权贵的享乐达到极致；在广大乡村，饥民揭竿起义的事情屡有发生。到了隆庆时代，朱明王朝明显露出了"下世的光景"，对国家的控制力已相当有限。正在朱明王朝摇摇欲坠之时，三十六岁的穆宗病逝，他十岁的儿子朱翊钧登基，是为万历皇帝。小皇帝起用他的老师张居正为内阁首辅。由于历史的机缘，四十八岁的张居正开始了他十年柄国的辉煌无比的政治生涯，给后世留下了风雷激荡的万历新政。不过，这风雷激荡，昭示的是万象更新的文治而非暴力下的武功。

明代的首辅制，是一个相当古怪的政治产物。宰相制废除后，本是替皇上撰拟诏诰、承制辞章的文渊阁大学士，便变成了皇上的秘书兼顾问，为首的大学士称为首辅，相当于首席顾问。朱元璋钦定，大学士们只享受五品衔，文渊阁对应吏、户、兵、礼、工、刑六部二品衙门。这级别实在太低，但经过一段时期的演变，阁臣们禄位渐隆，到了明中期，阁臣们几乎都是从二品大员中选拔，而首辅则程度不同地行使着宰相的权力。

由于首辅在名义上只是顾问，因此他是否能顺利担当宰相的角色，则要取决于皇帝与首辅双方的能力。如在朱元璋面前，首辅只能是一个唯唯诺诺的顾问，而面对穆宗朱载垕这样的懦弱皇帝，首辅则实实在在地担当着宰相的职责。

通览明史，可以得出这样的结论：张居正是明朝二百七十年间最有权势，同时也是最有能力的一位首辅。这不仅仅是因为历史给他提供的机遇最好，更重要的是，没有哪一位首辅，在登位之前，像他那样做了如此充分的准备。

稍有政治经验的人都懂得，提出一套符合国情民意的改革方案虽然不易，但比起将这方案变成实实在在的成果，又要容易得多。举凡思想家，都可以担当设计师的角色，但担任工程师的政治家们，不但需要挑战传统道德的叛逆精神，更需要把蓝图变为现实的卓越智慧。我认为，张居正便属于这样的政治家。

隆庆二年（1568），四十四岁的张居正刚入阁成为末辅不久，怀着对新皇上的期待，虔敬地向穆宗献上了一道洋洋万余言的《陈六事疏》，从省议论、振纪纲、重诏令、核名实、固邦本、饬武备六个方面详细阐述了自己的改革主张，内容涉及吏治、纲教、经济、军事诸领域。胸无大志的穆宗，只愿意沉湎酒色，哪愿意如此大刀阔斧地重振乾纲？因此他只是敷衍地赞扬了几句，便搁置不管。张居正做此试探，知道时机并未成熟，于是继续耐心等待。六年后，他的这一份完备的改革文件，终于成了他实施万历新政的政治纲领。

关于万历新政的功绩，海内外已有不少历史学家做了详细的分析和充分的肯定，不用我在此赘言。我要说明的是，正是张居正的改革，使本来气数已尽的朱明王朝枯木逢春，获得了难得的"中兴之象"。可是，正是这样一个"宰相之杰"，死后却遭到了最为残酷的清算。万历皇帝一面享受着张居正改革带来的福惠，一面下令把张居正的封赠全夺、家产尽抄，其亲人或杀或谪。万历皇帝的这个态度，导致张居正死后半个世纪，满朝文武竟无人敢提及他的名字。

张居正的功绩，说明了中国"士"阶层在政治舞台上的独特作用；而他的悲剧，又深刻揭示了极权统治的寡恩与残忍。

1998年暮春，动笔写《张居正》之前，我曾专程去了一趟张居正的故里湖北省江陵县，站在他的墓碑前，我吟了一首绝句：

四百年前事可疑，江南又见鹧鸪飞。

杜鹃舌上烟波里，立尽斜阳是布衣。

中国的与官场无涉的知识分子，常以布衣自谓。至今，我这个布衣还记得，那惨淡的夕阳，是如何陪伴着我，在张居正的杂草丛生的墓地上孤独地徘徊。伟人们死后的萧条本属正常，但我仍不免暗自思忖：从商鞅的被车裂到张居正的被灭门，这果真是中国古代改革家的必由之路吗？张居正推行改革之时，也曾下定"虽九死其犹未悔"的决心，可是，如果真的给他第二次生命，他还会有那挽狂澜于既倒的干云豪气吗？

张居正的悲剧，不仅仅具有封建性，更具有民族性；不仅仅具有政治性，更具有文化性。中国古代的政治生活，大多是粗暴且僵硬的，缺乏灵动的生气与恒久的激情。张居正渴望把灵气与激情引入政坛，这就注定他会有悲惨的结局。

三、生于忧患，死于忧患

我一向固执地认为：让历史复活，使今天的人们能够从遥远的过去审视当下，洞察未来，这不仅仅是历史学家的责任，同时也是作家的责任。

与现实小说相比，历史小说更能体现作家创作上的自觉。因为，历史小说要兼顾历史与小说两个方面。其作者首先应该是史学家，然后才是小说家。这要求也许苛刻，但我认为这是写好历史小说的关键。时下一些流行的历史小说，普遍存在的问题是忽略了历史的真实，这是作家没有认真研究历史的结果。

所谓历史的真实，简单地说，有三个方面：第一，典章制度的真实；第二，风俗民情的真实；第三，文化的真实。前两个真实是形而下的，比较容易做到，第三个真实是形而上的，最难做到。前两个是形似，第三个是神似。形神兼备，才可算是历史小说的上乘之作。

我曾对张居正及嘉、隆、万三朝的历史做了数年的研究。自认为占据了丰富翔实的史料，完全可以写出一部严格意义上的历史小说。可是当我花去整整一年的时间写出第一卷时，才发觉根本不是那么回事。它既不是史学著作，作为小说又显得干巴。我这才意识到，历史的真实并不等同于文学的真实。从历史到文学，有一个艰难的转化过程。小说中的张居正，并不能直接等同于历史中的张居正。小说既要忠实于历史，又要忠实于文学。张居正既是历史中的人物，又是文学中的典型。如果处理不好，文学的价值便会荡然无存。经过慎重考虑，我决定舍弃这三十多万字的第一稿，又于1999年春节之后，从头开始。现在读者看到的《张居正》的第一卷《木兰歌》，便是与第一稿了无关涉的第二稿。这本书属于不太成熟的作品，但至少读者可以从中看到作者的追求。

对于历史小说的作者而言，还有一点尤其重要，那就是忧患意识。我曾在一篇《登郁孤台》的短文中评价辛弃疾"生于忧患，死于忧患"。其实，古代士子，穷者如杜甫，达者如张居正，有谁不是这样？一个不具备忧患意识的作家，又怎能与笔下的历史人物做穿越时空的心灵沟通？不过，在当下商品经济的冲击下，很多作家似乎已丧失了为民族思考的责任感。文学的视野日渐转向个人的隐私，或者媚俗的快餐。文学的阳刚之气、厚重之感正在丧失，代之而起的是轻佻与浮华。我在前面已讲过，历史小说作家更具有文学的自觉。这自觉，便缘于他的忧患意识。他不会无缘无故地选取一段历史，一个人物，对现实生活的思考形成了他的历史观。作为一名作家，如果一味地追求形式上的创新，或满足于编造精巧的故事，这实际上是在浪费自己的聪明才智。写什么和怎么写的问题，前者永远是主要的。这一点，对历史小说的创作尤其重要。

　　以上拉拉杂杂，讲的是我创作《张居正》的动机，以及对历史小说创作的思考。我不是清流，无意对张居正做道德上的评判——在严肃的历史面前，个人的爱憎，往往会导致低级错误的产生。四卷本的《张居正》已经问世，创作这部书，我前后花去了十年时间，真正的十年磨一剑。但是，这究竟是不是一把好剑，则需要广大的读者来鉴别。

　　　　　　　　　　　　　　　2008年4月28日

　　　　　　　　　在中国人民大学国学院的演讲

张居正与万历新政

　　非常有幸，接到中央国家机关的读书活动的邀请。我今天演讲的题目是《张居正与万历新政》。用两个小时把古代一位改革家、政治家的非凡而又丰富的人生介绍给大家，让你们留下一个深刻的印象，对于我来讲，不能不说是一个困难。张居正和我是乡党，湖北荆州人，但他一辈子的事业就在大家脚下的这片土地上——他从二十三岁进北京，到五十八岁躺在棺材里离开北京，在这片土地上生活了三十五年，完成了一个知识分子从政的理想，做出了惊天动地的事业。

　　如果让张居正填一份履历表，他的从政经历一定不会很好看，因为他的经历太简单。进入内阁担任辅臣之前，他只做过两样工作：一是当研究员，二是当老师。所以我说他是知识分子从政的典型。他很小的时候就是家乡有名的神童。他生下来时也不叫张居正，叫张白圭——他出生的前一天晚上，他爷爷做了一个梦，梦见他们家厨房的大水缸里面有一只白色的乌龟从缸底升起来。这个老汉一醒过来就跑到厨房去看，水缸里面没有白乌龟，但是有一个月亮，像乌龟。不一会儿，他就出生了，他爷爷于是就给他取名叫张白圭——圭与龟同音，但写出来好看些。他十二岁考中秀才，是当时全省最小的秀才，在今天也就是十二岁就考上了大学本科。那时考中秀才要受到知府的接见，荆州知府叫李元阳，是一个学者型领导。他接见张居正，一看是个孩子，就说，你怎么叫白圭呢？张居正讲了名字的来历。李元阳说这个名字不雅，我给你改一个名字，你叫居正好了，你要做君子，居正位，做大事。这是一种勉励。

张白圭从此改名叫张居正。张居正十三岁参加举人的考试，也就是今天的研究生考试。他和父亲从江陵出发，一起到武昌考举人——他父亲张文明二十一岁中秀才，他十二岁就中了秀才。如今，父亲三十四岁，他十三岁，父子俩在一条起跑线上。考试完毕，有份试卷引起了三位主考官的注意，都夸这是一篇锦绣文章。他们说一定要把这个考生列为乡魁，就是举人的第一名，叫解元。

他们把这份卷子拿去给省里的一把手——巡抚看。巡抚叫顾璘，南京人，是有名的学者。他看了这份卷子，也赞不绝口，问这卷子谁写的。考官们把考号一对，发现这份卷子是张居正的。顾璘便说要先见见张居正。当十三岁的张居正到来时，顾璘大为惊讶——那时不像现在有数据库，查一查什么都知道。顾璘在见到张居正之前，根本不知道他多大年纪。一番谈话之后，顾璘勉励了张居正一番，并把自己的犀牛角腰带取下来送给了张居正。顾璘说，我知道你将来不会系我这种腰带，但是我还是要把它送给你作为勉励——古代官员的品级是通过服装可以看出来的，一品二品三品四品，很分明。"正省级"的系犀牛角的腰带，如果是宰相级的，就系玉腰带。顾璘把他的腰带送给一个十三岁的孩子，而且直接告诉他，你将来不会系这个腰带，你是腰玉之人，你将来可以当宰相。第二天发榜，大家都以为新的乡魁就是神童张居正，可是榜上没有他的名字，张居正连举人都没考上。为什么呢？原来，把张居正送走，顾璘就对主考官说：这孩子聪明，但是要给他一点挫折，不要让他一切都那么顺利。就这样，父子二人一起落考，非常沮丧地回到了荆州。三年以后，十六岁的张居正二次赶赴乡试才考中了举人。

当初为什么要阻挡张居正呢？顾璘先生说，年轻人聪明，但是，没有人生的历练，他的聪明最终会演变成恃才傲物，不切实际。如果一味地纵容他，将来可能会多一个唐伯虎，却少了一个经邦济世的国家栋梁。在顾璘眼中，只有经邦济世，为国家前途做出自己的判断并有领导才能的人物才是真正的人才。

张居正二十三岁顺利考中进士。古代的进士相当于我们现在的博士，三年一考，每一次取二百六十名左右。二百六十名里面再选二十名成绩最好的、最有培养前途的人，进入翰林院深造，也就是我们今天所说的博士后。这二十个人中有三个人是不用测试，直接进入翰林院的，那就是状元、榜眼、探花。除了这三个人，还有十七个名额，张居正就在这十七人里。这二十个人，在明代叫庶吉士。从洪武后期一直到明朝灭亡，首辅全部出自庶吉士，能够选上庶吉士，用今天的话说，就是驶入了成为领导干部的快车道。

庶吉士毕业以后，有三种前途：第一种是做词臣，就是给皇帝起草文件、起草圣旨的，叫待诏；第二种是做讲臣，就是给皇帝当老师的，叫侍讲；第三种，给国家编制各种制度及研究历史得失、研究国家政治走向的，叫编修。待诏、侍讲、编修全是做案头工作的读书人，而且都是从这二十个人中产生的。

张居正做了两年庶吉士，毕业就二十五岁了。这个时候朝廷的政权握在大奸臣严嵩的手上，国事一塌糊涂。张居正毕业以后的第一个职务是编修，他刚参加工作就给皇帝写了一份奏章，建议国家从五个方面进行改革，其中有一条是批评官员的党同伐异、贪污渎职等行为。这是一封很厉害的奏疏，弄不好就会大祸临头。但是很奇怪，在张居正自己的专集当中，以及明史所有的记录里面都没有就这篇文章的后果给予交代和说明。嘉靖皇帝有没有批示，严嵩看过以后有没有愤怒，都不得而知。这份呼吁改革的奏疏有些地方是影射了严嵩的，而当时反严嵩的人很多都被处死或被流放了。张居正没事，我猜想是当时的翰林院主管徐阶保护了他。徐阶是上海松江人，他是张居正的政治导师。在明代，上海是一个小镇子，松江是大地方。徐阶这个松江才子则是一个老谋深算、胸有韬略的政治家。江南的政治家的特点是隐忍，他们知道做事的节奏，徐阶心中觉得严嵩是一个奸臣，但是现在碰他就会自取灭亡。徐阶很喜欢张居正，可能也赞同张居正的想法，但他知道，现在去和严嵩斗是飞蛾扑火。政治承认道德，但政治更承认成功者。你首先得把自己保护起来，才能图进取。所以，我估计徐阶是采取了保护措施，没让张居正把奏疏送出去。

从张居正二十五岁担任编修开始，到他四十二岁当内阁次辅，这十七年的时间里，国家掌控在嘉靖皇帝手里。明代由盛转衰是从正德皇帝，就是嘉靖皇帝的前任开始的。正德皇帝朱厚照当了十六年皇帝，嘉靖当了四十五年皇帝，两个人实际掌控了国家六十一年。六十年一个甲子，国家能做多少的事儿啊！我们国家从倡导改革开放，到现在成为世界的强国，仅仅用了三十年时间。可是明朝这两个皇帝掌控了这个国家六十一年，江山社稷都被他们折腾得不像样了。

正德皇帝好玩儿，十五岁继承皇位，三十一岁死，整整玩了十六年。正德皇帝即位第二年大婚，又在太后的主持下，在全国选美，选出一群女人，纳为妃嫔，但正德皇帝一个都不爱——他是典型的家花不如野花香。在太监的怂恿下，正德皇帝将国家的资源都用来为自己的享乐服务了。

有一天有人跟他讲，大同出美女。正德皇帝一听，动心了，立刻就想去大同。按明朝规定，皇帝是不能离开紫禁城的，皇帝离开紫禁城必须征得文官系统的同意。正德皇帝不管这些，他把首辅找来，说，我要到大同去。首辅说，你不能去，天子的办公室就在文华殿及乾清宫的上书房，这是你处理国事的地方。正德皇帝说，我要去看看边疆怎么样了。首辅说，你可以任命各个方面的大臣，军事的、行政的、漕运的、管理百姓的、管理牧马的，让他们去承担这方方面面的责任，而皇上只需要管理这些大臣就行了。

正德皇帝一听，第二天又把吏部尚书找来了，指示他起草任命状，说，我现在要任命一个大将军，让他去视察大同到榆林等地的边境。吏部尚书问他，这个大将军是谁，正德皇帝说，这个人叫朱寿。吏部尚书不知道朱寿是谁，想问又不敢问，只得照办。任职通知书以圣旨的形式办妥。那一天，宣旨朱寿接旨，正德皇帝自己跪下来了，他说，我就是朱寿——他自己给自己起了个名字并给自己下了圣旨，然后就跟首辅讲，圣旨让我去视察大同，我现在得走了。这个故事听来像笑话，却是真实的历史。

　　大臣们怕正德皇帝离开，于是把紫禁城的几个门堵住了。结果正德皇帝晚上吊着绳子从护城河跑了。第二天，大臣们得信后出城去追赶，在沧州赶上了。正德皇帝说，你们谁再敢追赶我，就撤你们的职。就这样，他跑到了大同，在那儿住了半年也不肯回来。正德皇帝胡闹的故事很多，这里不多说了。

　　再说接他位子的嘉靖皇帝。正德皇帝一辈子胡闹，不要说生儿子，连个公主都没生下来。那谁继承皇位呢？主持这件事情的首辅叫杨廷和，他从正德皇帝的近支里面找到了住在湖北钟祥的兴献王的儿子朱厚熜，即朱厚照的堂弟——他们的爷爷是同一个人。杨廷和征得正德皇帝母亲的同意，请朱厚熜进京，告诉他，他可以继承皇位，但有三个先决条件：

　　第一，兄终弟及，父死子承，这是明代传位的规矩，因此，朱厚熜必须履行手续，过继给正德皇帝的父亲。这种做法叫承祧，符合兄终弟及的传位要求。

　　第二，年年的国家大祭，你去烧香磕头时，只能给正德皇帝的父亲磕头，不能给自己的亲生父亲兴献王磕头。因为办理了过继手续，从名义上说，兴献王就不再是朱厚熜的父亲，而是叔父了。

　　第三，正德皇帝的遗诏宣布，他当政期间所制造的冤假错案一律平反，继任皇帝要认这个账。正德皇帝死时并没有遗诏，是杨廷和替他起草并颁布了遗诏，诛除了正德皇帝身边的佞臣，并纠正了大批冤假错案，大得民心。杨廷和之所以提出这一条，也是怕朱厚熜登位后不认账。

朱厚熜当时十九岁，他听了这三条，全都答应了。因为他知道，若不答应，就当不了皇帝。但他接过传国玉玺之后，立刻就变了脸。有一天，他把大臣们找来谈话，他说，我就闹不明白了，怎么我的父亲成了叔父，我的叔父成了父亲呢，这个不妥。杨廷和说，这个不可更改，这是国家传位的形式，而且你也是同意了的。就这样，皇帝和首辅两人闹起了矛盾。但是，十九岁的嘉靖皇帝毕竟只是一个说一口湖北话的毛头小伙子，满朝的文武大臣还是听杨廷和的。这个时候，一个考中进士，却还没有分配官职，名叫张璁的人出现了。他想，我四十六岁才考中进士，以后当三年县长，不出差错才可以升到同知，相当于副地级，再过三年，干好了才能当一个地市一把手，年龄不饶人，想再往上走到副省级可就难了。把年龄账一算，张璁决定走快捷方式。于是，他就写了一篇奏章给皇上，大意是，皇上一定要把自己的亲生父亲立为兴献皇帝。他说：哪有儿子当了皇帝而父亲不是皇帝的？朱元璋就把自己的父亲立成了皇帝，皇上也不能认别的皇帝为父亲，你自己有父亲。嘉靖皇帝很高兴，一打听，写奏章的是一个新科老进士，眼下连科级干部都不是，就说，这个人我要见见。杨廷和听说了这件事，很不高兴，指示吏部把张璁弄走。于是，吏部把张璁分配到了南京刑部当一个小官。嘉靖皇帝也不是省油的灯，熬了两年，等杨廷和因为丁忧回四川老家守制，嘉靖就以选拔人才充实内阁的名义，提了一个名单，其中就有张璁。不过同时，嘉靖皇帝也把杨廷和的儿子、武宗正德十六年（1521）的状元杨慎放在了名单的第一个。嘉靖这么做，也是一种调和政策。

杨慎当时已经是个司局级干部，他得知这件事后，立刻回了一封信给嘉靖皇帝，大意是：皇上如果觉得我杨慎是人才，就提拔我；如果觉得张璁这样的人是人才，你就提拔他。我耻于和他为伍，你一定要用他，就把我的名字去掉。看到这封信，嘉靖皇帝气得七窍生烟，将反对他的人尽数严惩，这就是有名的"大礼案"。

嘉靖皇帝在位四十五年，在政治上乏善可陈，但有三件荒唐事值得说一说。第一件便是已经介绍过的"大礼案"。

第二件，是给自己的父亲修了一座皇帝陵。兴献王封地在湖北钟祥，明朝时叫安陆府。为了让家乡成为"龙兴之地"，嘉靖皇帝决定把钟祥这么一个小县升为国家的直辖市。在他执政期间，国家有三个直辖市：北京，叫顺天府，南京，叫应天府，他的家乡，叫奉天府。他还在奉天府修了一个假皇陵。皇帝要如此，谁也没办法，挡都挡不住，因为最高权力在他手上。

第三件事情，是崇尚道术，炼丹吃药。为什么要崇尚这个东西呢？一个目的，要长生不老。明代最长寿的皇帝是开国皇帝朱元璋，也就活了七十一岁。永乐皇帝活了六十五岁，洪熙皇帝活了四十八岁，宣德皇帝活了三十八岁，正德皇帝死时只有三十一岁。今天的人，想长寿都去找医生，而嘉靖皇帝却找道士，让道士给他炼各种各样的丹，每天就吃那些丹。由于这一嗜好，他判别一个官员的好坏，首要的一个标准就是看他对炼丹的态度。

过去说天子无私事，宰相无小事。我的理解是，在国家政治生活中，任何一个小的细节里面都有玄机，没处理好就会酿成政治灾难或者惹来杀身之祸。很多人因为反对嘉靖皇帝炼丹而丢了乌纱帽。当然，也有人因为支持他炼丹而得到荣华富贵。张居正三十岁时，因看不惯严嵩，以养病为由，回到老家读了三年书。可是人在江湖心想朝廷，三十三岁时，他又回到京城，在编修的位置上又干了两年。这个时候，徐阶进入内阁当了次辅，他利用权力安排张居正当了时为储君，日后成为隆庆皇帝的朱载垕的老师，同时还让他兼任了个职务，就是国子监司业。国子监是国家最高学府——不像今天的大学那么多，那时就一所。大学也没有那么多的领导干部，就两个，一个是校长，一个是教务长。张居正当司业时只有三十五岁，徐阶看中他，破格提拔他，就是认为他日后可担重任。

嘉靖皇帝去世时，徐阶已经是内阁首辅，他将内阁三位次辅全都抛到一边，而找来张居正起草遗诏。这是巨大的政治任务，诏书也是非常重要的信号，那能让一般人起草吗？张居正的级别达不到，就是一个教务长。为了让张居正尽快进入内阁，徐阶一年时间内给他升了四级，先是当礼部右侍郎。礼部右侍郎是礼部的三把手——明代的部长，叫尚书，配一个常务副部长，叫左侍郎，二至三个右侍郎，叫堂官，就是部级领导。底下各司的司长叫员外郎，各司的副司长叫主事。礼部右侍郎没当三个月，张居正又当上了吏部左侍郎，即吏部的二把手。又过了半年，张居正进入内阁，主管兵部与工部。这一年，张居正四十二岁。

我常说，张居正是知识分子从政报效国家的典范。看他的资历，他连县长都没当过一天，几乎没有从事过任何实际的行政领导工作，参加工作后除了做研究，就是教书，然后就一下子当上了国家级别的官员。事实证明，他干得非常好。明代的首辅很少从封疆大吏中去选拔。内阁辅臣一定是大学士出身，是学者。所以说，张居正的事不是个案。从封疆大吏里面选出来的人，就是治理各省、各个地方有经验的人，他们最终的出路是在中央的六部三司当一把手。但是，首辅，包括次辅，这些职位不能从封疆大吏中产生，这是职业政治家的位置。

在隆庆皇帝登位的六年内，内阁换了四任首辅，辅臣们斗得驴嘶马喘，但隆庆皇帝一概不管。一心想改革的张居正，只得隐忍着寻找时机。

隆庆二年（1568），四十四岁的张居正给隆庆皇帝写了第二封改革建议书，叫《陈六事疏》，就是说国家要从六个方面进行改革。他为什么在这个时候提出来呢？是因为两大政治强人徐阶、高拱这时候都离开了内阁，自己是皇帝的老师，而皇帝又是一个很忠厚的人，他觉得时机成熟了，因此把改革的思路提出来。但皇上这次又只批示了七个字："知道了，具见忠忱。"就是说，我已经知道了，你对我很忠诚。然后，就再没有任何下文了。张居正放了一个政治的气球，没有什么效果，就继续等待。四年之后，隆庆皇帝死去，他的儿子朱翊钧继位，是为万历皇帝。朱翊钧只有十岁，选中张居正当了首辅，到这时，改革的机缘才得以成熟。

任何一场改革，实际上都是将社会各个利益集团之间的关系进行重新调整，让社会资源的分配模式更加合理。从商鞅、王安石到张居正，改革走的都是这个路子。张居正的改革是从整顿干部队伍开始的。

万历皇帝是一个十岁的孩子，身边有两个重要的人，一是他的生母李太后，二是大太监冯保。张居正的改革，只有取得这两个人的支持，才有可能推行。张居正清楚这一点，所以一直注意和他们搞好关系。改革的第一步，整顿干部队伍，就是在他们的支持下展开的。张居正上任不到一个月，就提出京察。所谓京察，就是考察中央机关的领导干部。明代的中央政府有两套，北京有一套，南京也保留了一套。南京的中央政府管理的事儿很少，主要是北京的中央政府在管事。但是不管怎么样，两套中央班子都要被考察。两万六千多名干部，我指的是处级以上，到内阁大臣这一级的干部，全部都要写述职报告。四品以上，就是今天我们所说的司局级以上的，直接给皇帝写述职报告；副局级到正科级，即五品到九品，给吏部写报告。报告的内容是隆庆皇帝在位六年期间，你做了哪些你应该做的事情，哪些事情你应该做而没有做。这个报告，最终会决定官员的去留、升降。张居正还提出，京察三个月完成，可谓雷厉风行。

张居正的整顿标准是，贪官不能用，渎职官员不能用，这些人都是要罢免的。他还加了一条，庸官也不能用。不求有功但求无过，这也是坏官。因为朝廷的官员是一个萝卜一个坑，多一个庸官就会挤掉一个干事儿的人。他就按这样的标准整顿，三个月内裁了三千多名官员。

有一次，我到一个地方演讲，有听众质问说，张居正是一个大奸臣，你今天怎么歌颂他？我很奇怪他这么说，和他交谈后，我才明白，他的祖上就是那一次被免职的工部的一个右侍郎，回到老家以后，给他的子孙留了一个家训，就是世世代代都要记住，张居正是奸臣。通过这件事，我认识到改革家是要付出代价的。一个国家，一个执政团体要为改革付出代价，一个主持改革的政治家更要付出代价。这个代价不仅是此时此地的，更是千秋万代的。所以，改革之初，张居正就说过"知我罪我，在所不计"这样的话。京察完成后，一些位子腾出来了。第二步就是要举荐干部，把一些有能力、有事业心的人才选拔到重要岗位上。万历皇帝下旨让每一个省级干部向朝廷推荐三个人才。后来吏部汇总，被推荐的人中得票最高的是海瑞。吏部尚书就跑来问张居正："海瑞这个人你看怎么用他？"张居正回答说："这个人不能用。"

海瑞这个人，大家都不陌生。他是有名的清官，但历史中的他与文学作品中的他，还是有一些出入的。嘉靖四十四年（1565），他因上万言书指责嘉靖皇帝而被打入死牢。是张居正为徐阶出主意平反冤假错案，把海瑞从牢里放出来，然后还给他升官，放到南直隶当巡抚的。南直隶府建苏州，管辖的地方是国家粮赋重地。明朝财政收入的三分之一来自这个地方。结果海瑞在那里当了三年的一把手，地方的财政收入少了一半，国库的税银也收不起来。这是因为，海瑞是一个理想主义者，简单地杀富济贫，却不抓生产。国民经济，GDP的增长，都跟他没关系，他只抓廉政。这样一来，就把国家的财税重地搞得一团糟。和他一个班子的人都纷纷要求调动，不愿意跟他共事。海瑞被搞得很孤立、很被动，便很愤怒地给皇上写了一封信，要求辞职。当时的首辅是高拱，他和徐阶有矛盾，也觉得海瑞做事儿有点胡闹，就同意让他退休，回海南老家养老。海瑞收到诏令以后，又咒骂满朝廷都是女人，没有一个君子。这些都证明海瑞这个人好走极端。

张居正对海瑞这个人当然很清楚，他对吏部尚书说：
"海刚峰先生是一个好人，清廉，而且有气节，这都是好
的，但是我现在要选用能臣为朝廷做事儿，是要选好官
而不是选好人。好人就是大节不亏，不贪不懒，做事有规
矩。好官不一样，上要让皇帝放心，下要让老百姓得实
惠，要上下通气。如果只是让老百姓欢呼，朝廷不放心，
不是好官；一味让朝廷放心，老百姓不喜欢，执政基础没
有了，也不是好官。海瑞搞得国家的财政收入大大降低，
老百姓的生活水平也不能提高，两头都不踏实，这就不是
好官。与其这样，倒不如让海瑞在家做好人。"张居正这
席话很有见地，可见这个职业政治家看问题的方式有他的
独到之处。

张居正最终没有起用海瑞，他的标准就是重用循吏，
慎用清流。循吏是什么意思呢？用小平同志的话解释再恰
当不过了，那就是，不管白猫黑猫，逮住老鼠就是好猫。

由此，我想到清代的龚自珍面对清朝末年的危局，很
感慨地写了一首诗，其中两句是，"我劝天公重抖擞，不
拘一格降人才"。文人论政的思维方式从这首诗可以看
出来。政治家不这么看问题。张居正在人才问题上讲过
两句话。第一句话是："世有非常之人，然后可做非常之
事。"第二句话是："天生一世之才，必足一世之用。"
他的意思是，人才不假外求，一个时代必有一个时代的

人才。用好了这个时代的人才，就能够创造这个时代的辉煌。龚自珍希望老天爷重新降天才下来，这是文人的人才观。像张居正这样的政治家，他所做的是：我劝天公重抖擞，不拘一格用人才。

你能把人才用起来，而且不拘一格，这就了不起。人才并不一定全是君子，有的时候人才也是小人。君子是心中慷慨无私，天下为公；小人是为国家做事时，也要考虑自己的利益。真正会用人的人是君子要重用，小人也要用。

仅以道德取人会妨碍执政者的用人思路。孔孟之道说立德、立功、立言，中国古代知识分子就把立德放在第一位。立德者为圣人，立功者为君子，立言者为贤人。但如果国家的重要部门中全是想立德的人，全是圣人，国家就乱套了。国家要的是大量想立功的人。想立功的人就是循吏，而想立言的人多半是清流。张居正懂得这一点，所以抓住了用人的牛鼻子。牛鼻子抓住了，一盘棋都活了。改革的团队建立了，改革的推进速度就快。京察之后，张居正开始向所有的贵族利益集团开刀，目的就是对社会利益集团进行重新定位，打破旧的平衡点，寻找新的平衡点。这既要考虑到各个集团的心理承受力，也要让国家不至于付出太多的改革代价。

在这个问题上，张居正也是处理得非常出色的。孟子说过一句话："为政不难，不得罪于巨室。"这实际是告诉当官的，把方方面面的代表人物都照顾好，政权就长治久安。但是人的基本的性格是趋利的，最后会使得强势越来越强，弱势越来越弱。政治家管理国家就是让强势这部分得到遏制，让弱势这部分的社会福利与权益得以增加。政治家平衡各种利益集团，不可能像孟子说的那样，不得罪于巨室，而是必定要得罪巨室。

当时朝廷的开支很大，大臣们离开北京到外地去上任，一路上住的都是国家的宾馆，使用的是国家的交通工具。仅此一项，一年开支就是上百万两银子。官员们出行由国家买单，也还说得过去。但到后来，官员的七大姑八大姨，都享受这种待遇，国家的接待费用就呈几何级数增加了。因此，张居正要削减这方面的开支。

还有就是，削减皇室开支。这是最得罪人的，也是张居正悲剧结局的一个很大的起因。古代的皇帝们，国与家是不分的。在他们看来，这个国就是我的家，我想怎么样就怎么样。张居正的改革就是要把国和家分开，分灶吃饭。所有的赋税收入进入国库，而所有矿山收入和榷场收入由皇帝开支。过去混在一起时，皇帝想用钱就到国库支取。分灶吃饭后，国就是国，家就是家。皇帝赏赐身边的宫女、给太监发工资用皇室的收入。国家的收入则用于行政、军费、河防水利以及赈灾等方面的开支。这遏制了皇室的膨胀。

张居正铁面无私。在他回家葬父时，皇帝要调二十万两国库银给后妃做衣服、打首饰。内阁留守大臣不敢做主，把皇帝的批示八百里加急送到张居正南行的路上，他照样阻止了。对皇帝他都这样，对别的人就更不用说了。比如，历代都封孔圣人后代为衍圣公，明代尊重知识分子，尊重读书人，允许衍圣公每年到北京见一次皇帝，吃一次国宴。就这么一个活动，却变成了衍圣公敛财的一种方式。他每年带着一二百辆车子的山东土特产，浩浩荡荡往北京出发，一路走一路卖。一路上，因他有皇上的圣旨，一切费用由政府买单，而他卖东西的收入全归自己。到北京住下来，他又把北京的好产品买一大堆，回去的时候一路卖。他的朝觐活动成了一个买卖过程，老百姓怨声载道。

张居正针对衍圣公的行为，也来了个约法三章。第一，随从不能超过二十人；第二，三年一次，不用每年来。第三，不准买卖。治好了衍圣公，张居正又治江西龙虎山的张天师。同衍圣公一样，张天师也是世代袭封的。张居正将张天师的封号由二品降为六品，收回玉印，并且增加了很多约束。可以说，张居正对每一个领域里面的势豪大户、王公贵族，都是以铁腕治理的。

改革六年之后，国家财政根本好转，张居正决定在全国推行一条鞭法。一条鞭法实施的前提是清丈土地。当时富人侵占的土地很多，且不缴税费，因为土地没有登记。张居正利用三年的时间清出来的土地较之前增加了五百多万公顷，仅这查出的新增土地的赋税收入，就够全年军费的开支了。张居正也因为收了这个钱，修起了明长城。

一条鞭法的实施，让老百姓在这场改革中得到了实惠。过去，税钱、粮、差是分开交的，而且老百姓如果本需交一担粮食，实际最低也要交一担三斗，那三斗叫损耗。一条鞭法实施后，老百姓交钱不交粮，中央财政拿钱收你的粮食，老百姓就不会受到盘剥了。此外，老百姓还可以将差役、杂役统统按田亩折成银钱交付。这样不但便利了老百姓，也让社会得到了发展，使大量的流民有了新的工作。像专门修河堤的、搞运输的，各种劳动组织都出现了。再就是，流通市场得到了迅猛发展，山西出现了钱庄。当时，全世界流通的白银大约有七千万两，差不多五分之二都在中国流通。中国的金融业得到了空前的发展。

张居正的改革还包括开放边贸。明朝跟蒙古的战争从明代初年开始，就没有停止过。张居正在处理与蒙古的关系上体现出了他的政治智慧。明代通倭、通虏，都是死罪。他最终抓住蒙古王的孙子巴噶奈济的投降事件的契机，与蒙古签订了友好合约，并开通双边贸易，建了一个经济特区，就是今天的呼和浩特——当时叫板升，是中蒙最大的贸易点。

张居正1572年当上首辅，开始推行改革，即万历新政，到1582年死在任上，前后共十年时间。大家想一想，短短十年的时间，万历新政就取得了这么大的成就，这难道不是前无古人的事业吗？这个成就的取得，主要因为两条：第一是干部队伍靠得住；第二是措施得当。今天，站在改革的角度上来看待明代张居正的万历新政，我觉得有六个方面的经验值得探讨：

第一，万历新政是一场成功的经济改革。明代的第一代领导人是洪武皇帝，第二代领导人是永乐皇帝。张居正说，洪武、永乐创立的国家制度、治国主张不必改变，他要从经济入手。现在看起来，他这样做充满了智慧。虽然有时候他也打左灯向右转，但从不在政治上做伤筋动骨的事。用现在的话说，他这叫一门心思搞经济。

第二，始终如一地推行富国强兵的策略。国家财政不能空虚，中央政府的权威要树立，就不能让地方拥有太大的权力，因为地方利益错综复杂，多民族，多地区，多种文化。全国统一部署，富国强兵，这是国家的方向，各种地方工作都要围绕这个方向展开。

第三，改变财富的分配模式。从张居正接任首辅到他离开这个世界，官员的工资实际上增加了五倍，而老百姓的生活也实实在在地得到了改善，整个社会的财富都在迅速增加。

第四，让农民安居乐业。在万历新政期间，整个社会的组织在发育，各种新的职业、新的工作岗位的出现也对社会的安定起了很大的作用。农民安居了，城市就开始发展了。很多新的商业、交通组织，使城市规模扩大，为流民提供了就业机会，从而使城市化的进程得到了空前的发展。

第五，加强对官员的考核和约束。张居正考核官员那一套真是绝得很，叫作"考成法"。过去，皇帝下一道圣旨，执行情况没有系统检查。张居正于是设计了三个本子。一个本子在内阁，一个本子在吏部，还有一个本子在当事人手上。比如说，现在要修湖北荆江的河堤，经过工部的论证，皇帝给你批了十万两银子。这个圣旨出来，先到通政司，再由通政司转到湖北当事人手上，都写了准确的时间——每一道圣旨的落实都是有倒计时的。三年考察时，每个官员把自己的本子拿出来看看，你是不是按时按质完成了上司交代的任务。在规定时间内完成任务，而且做得好的就升官；延长时间完成任务的，留任，但要警示；没有完成的，降职；完全搞砸的，免职，承担责任。由于这个考成法的实施，朝廷的行政系统办事效率显著提高，每个官员都必须努力工作，整个大明朝像一台高速运转的机器。

第六，肃贪。在这个问题上，张居正既严厉，又很有人情味。中国是个人情社会，张居正说，不能把人情也算贪。贪是国家的经费到你这里来，你从中切一块儿装入腰包；商人给你送钱，你帮他办事儿；下级给你送礼，你为他升官。张居正把政策划得很清楚。

可以说，张居正是累死在首辅的岗位上的，作为万历新政的总设计师与总工程师，张居正真正做到了"鞠躬尽瘁，死而后已"。在他死后一年多，万历皇帝开始对他进行清算，开始享受不再受约束的皇权，一些受到严厉制约的官员也终于松了一口气。由于对张居正的清算，万历新政的大部分改革成就都丧失了。但是，在大明王朝风雨飘摇的时候，仍有不少朝廷官员顶住压力，站出来为张居正讲话。

其中一个典型的人物，叫邹元标。这个人在万历五年（1577）的夺情事件中，冒着杀头的危险给万历皇帝上奏章，骂张居正是衣冠禽兽，后被打断腿送到贵州。张居正死了以后，他回到朝廷，看到官场又开始盛行贪污，官员又开始享乐，党同伐异，世风日下，很是痛心。他终于醒悟，张居正的所作所为全是为了国家。于是，他一再呼吁要给张居正平反。到了熹宗一朝，作为三朝元老的邹元标已成为朝廷最有影响力的大臣，皇帝也听从他的建议给张居正平了反。但此时，大明气数已尽，邹元标拄着拐杖在紫禁城里长叹："可惜啊，世上已无张居正！"他认为，只有张居正能够拯救大明王朝，但是这个人已不在了。一个当年因反对张居正被打成残废的人，最后如此怀念并推崇张居正，这给我们留下了多么深刻的启示啊！

不知不觉两个多小时过去了，耽误大家很多时间，谢谢大家这么认真地听我的演讲。谢谢！

2009 年 11 月 28 日

在中央国家机关读书活动中的演讲

张居正悲剧的意义

感谢荆州市委领导的邀请，也感谢长江大学组织了这场座谈会，让我有机会在这里聆听各位老师、专家、朋友充满激情的发言。在座的有很多是荆州文化理论界的精英，大家对产生于自己故乡的大政治家张居正都给予了极高的评价。当然，这评价不是溢美，不是出自乡情，而是建立在理性分析的基础上的。我认为，目前对张居正的评价不是高了，而是低了，包括朱东润、黄仁宇、黎东方、韦庆远等先生的评价，都不是高了，而是低了。我不是情绪化地做出这一论断，而是经过认真研究思考，得出这一个结论的。下面我谈一下自己的意见。

张居正让人议论的第一个问题是他的执政能力。如果我们读官方修纂的《明史》，就会发现，其对张居正的评价并不高——今天我们看到的《明史》，是由康熙朝桐城张廷玉主编的。北大教授马振方先生曾写文章，批评我粉饰张居正。马先生治学严谨，对他的批评，我抱有敬意，但有一点，我提出来与马先生商榷一下。张廷玉在修《明史》时有一个前提，就是他必须要摸清康熙皇帝的历史观。康熙与万历有相似之处，都是少年登基，大臣辅政。辅助康熙的大臣叫鳌拜。这个鳌拜很跋扈，全然不把康熙这个少年天子放在眼里，因此康熙受了很多屈辱。他八岁登基，十四岁亲政后，便设计铲除了鳌拜。张廷玉在修《明史》时，不能不顾忌康熙的这段经历，因此，他将张居正与鳌拜同等对待，将其定位为权臣，加以贬低。

所谓权臣，就是使用了不属于自己的权力的大臣。的确，历史界一直有人说张居正是权臣，一些有影响的人物，如钱穆等，写过很厉害的抨击文章。当然，也有人写文章反驳这个观点，如我们湖北浠水人徐复观先生就曾撰文对此严加批驳，而批得最厉害的是黄冈的熊十力先生——1950年，熊先生写《与友人论张江陵书》，表达了他的看法。我曾在湖南的一本杂志上发表文章说，康熙版的《明史》是康熙的历史观，今人如果据此论述明代人和事，也就自觉不自觉地接受了康熙的思想、立场和史学观。即便是康熙，也说过："彼时主少国疑，使君不朝纲独握，则道旁筑室，谁秉其成？亦未可以揽权罪居正。"可见，康熙还是欣赏张居正的，他没有将张居正与鳌拜画等号。张廷玉不敢对张居正多加赞扬，恐怕除了揣摩圣意之外，也有他自己的一些清流思想在作祟。所以说，我们要用辩证唯物主义、历史唯物主义的观点看待历史人物，要多看当时人的著述。对于张居正，有三个人的例子值得研究：

一个是我在书中写到的新科进士邹元标，他当年对张居正夺情事件十分愤怒，在已经有四个人被打断了腿的情况下，还上书攻击张居正，认为他不回家夺情，是衣冠禽兽之举。这封奏章出来后，张居正与万历皇帝都很愤怒。邹元标被廷杖八十之后，流放贵州都匀，后世把他视为东林党的领袖。后来，万历皇帝将张居正籍没抄家，为反对张居正的官员平反、升官。邹元标回京，因看不惯万历皇帝的做法，两年后，又被贬官外放，天启时，才得以重新起复。他第三次出仕左都御史，目睹吏治腐败、朝政松弛，便提出为张居正平反，并说了如下一段话："江陵功在社稷，过在身家，国家之议，死而后已，谓之社稷之臣，奚愧焉？" 他的意思就是：我年轻时糊涂，张居正有功于社稷。国家现在弄成这个样子，就是因为把张居正的改革成果推翻了，现在应该为他平反，为有志报国者树立楷模。明熹宗时，朝廷终于给张居正彻底平反，但为时已晚，没多少年，明朝就灭亡了。

大家想一想，邹元标是被张居正打断腿的人，他在历尽坎坷磨难之后，挂着拐杖上朝，坚持为当年整他的人平反，这个例子就很有说服力。

第二个是李贽。

泰州学派的代表人物何心隐，聚徒讲学，对张居正的改革措施大加反对，声言要入都"持正义，逐江陵去位，一新时局"。张、何的冲突达到白热化阶段。万历七年，即1579年，何心隐六十二岁，在祁门学生胡时和家中被逮捕，解到武昌狱中，终被杖毙。在何心隐被捕期间，泰州学派许多重要人物多方奔波，有的为他辩冤，有的变卖家产营救他，有的愿舍身替他死。

有人指斥张居正为了避免学术上有歧异观点而施行政治迫害，最显著的例子就是把泰州学派中的佼佼者何心隐置于死地，但明代一流的文化名人李贽却为张居正辩护，认为何心隐之死与张居正无关。他在《答邓明府》这封信札中指出：

> 何公死，不关江陵事。江陵为司业时，何公只与朋辈同往一会言耳。言虽不中，而杀之之心无有也。及何公出而独向朋辈道"此人有欲飞不得"之云，盖直不满之耳。何公闻之，遂有"此人必当国，当国必杀我"等语。则以何公平生自许太过，不意精神反为江陵所摄，于是怅然便有惧色。盖皆英雄莫肯相下之实，所谓两雄不并立于世者，此等心肠是也。自后江陵亦记不得何公，而何公终日有江陵在念。

> 偶攻江陵者，首吉安人。江陵遂怨吉安，日

与吉安缙绅为仇。然亦未尝仇何公者，以何公不足仇也，特何公自为仇耳。何也？以何公"必为首相，必杀我"之语，已传播于吉安及四方久矣。至是欲承奉江陵者，憾无有缘，闻是，谁不甘心何公者乎？杀一布衣，本无难事，而可以取快江陵之胸腹，则又何惮而不敢为也？故巡抚缉访之于前，而继者踵其步。方其缉解至湖广也，湖广密进揭帖于江陵。江陵曰："此事何须来问，轻则决罚，重则发遣已矣。"及差人出阁门，应城李义河遂授以意曰："此江陵本意也，特不欲自发之耳。"吁吁！江陵何人也，胆如天大，而肯姑息此哉！应城之情状可知矣。应城于何公，素有论学之忤，其杀之之心自有。又其时势焰薰灼，人之事应城者如事江陵，则何公虽欲不死，又安可得耶！

江陵此事甚错，其原起于憾吉安人，而必欲杀吉安人为尤错。今日俱为谈往事矣！然何公布衣之杰也，故有杀身之祸，江陵宰相之杰也，故有身后之辱。不论其败而论其成，不追其迹而原其心，不责其过而赏其功，则二老者皆吾师也。非与世之局琐取容，埋头顾影，窃取圣人之名以自盖其贪位固宠之私者比也。是以复并论之，以裁正于大方焉。所论甚见中蕴，可为何公出气，恐犹未察江陵初心，故尔赘及。

我之所以占用大家的时间，读出这封信的全文来，乃是因为李贽的这封信为张居正辩诬，是一个无可替代的证明。李贽当时为云南姚安知府——姚安就是现在的大理——也是当时思想界的领袖，他对张居正进行评价，给我们留下了非常重要的文件。张居正为何不能容忍何心隐，乃至要杀他？是不是地方官揣摩其心理，投其所好，弄死了何心隐？我看，可能性极大。何心隐是阳明心学的传人，属于泰山学派。当时，整个湖广地区都是陆王心学的重镇，私立书院很多。张居正虽对在朝的程朱理学有犀利的批判，但也反对当时的士林中人一味地拾陆王牙慧。他觉得国家要储备人才，但何心隐那样大而无当、不着边际的清谈无补于苍生。实际上，他对"知行合一"思想是赞赏的，只是当心学演变为玄学，注重实学的张居正便有些担忧，因此下令取消全国众多的私立书院，在客观上起到了制约心学思想发展的作用。但张居正的主观动机是想正本清源，让思想界能够为他的万历新政提供理念支持，他不会单针对何心隐——我们不能以思想家的思维方式去理解政治家的作为。

第三个是于慎行。于慎行是张居正亲自推荐给万历皇帝当老师的。万历皇帝重用于慎行，让他入阁当了辅臣。宦官张鲸与平反复职的刑部右侍郎丘橓受皇上的派遣气势汹汹去江陵抄张居正的家，于慎行写信给丘橓，要他别把事情做绝了。他有一封公开信，大意是：当张居正在权力顶峰的时候，没一个人敢说他的坏话；现在他人亡政息了，却没有一个人敢说他的好话，这都是不对的——他认为，首先还是要肯定张居正的成就。于慎行深得万历皇帝信任，是明代辅臣中为数不多的得到善终的一个人。尽管张居正当权时赏识他，但他从不登门馈遗。他不登门，张居正也没有打压他。可见他们之间的关系非常健康。虽然于慎行对张居正的改革措施与为人也不完全赞同，却在张居正遭受迫害最厉害的时候仗义执言了。

以上三个人的例子说明，研究历史人物除了研究正史，还应该研究同时代人的著述。同代人对张居正的评价比《明史》更为可靠。所以说，我觉得，"宰相之杰"，张居正是当之无愧的。许多人对他进行道德评判，认为他晚节不保，是权臣，等等，有失偏颇。我不是说为官不讲道德、不讲操守，但这不能作为唯一的评判条件。评价一个政治家，一定要把事功放在第一位。"富国强兵，尊主庇民"八个字，构成了张居正的思想体系。这个思想体系是站得住的，是经得起历史检验的。

张居正为人所诟病的第二个问题是与宦官"勾结"。我曾在一篇文章里说过，"宦官是政治的毒瘤"。明代的宦官，好的不多，坏的不少，像刘瑾、魏忠贤等，都坏到了极致。终明一朝，文官与宦官两大阵营一直尖锐对立。

因此，文官中有谁与宦官拉拉扯扯，便为同道所鄙夷。宦官的最大衙门为司礼监，其掌印者称为"内相"。文官之首为内阁首辅。官府之间的斗争，常常酿成政治灾祸，而失败者往往是文官。在张居正之前，有三十多个首辅下台，不少人都是因为与宦官关系不好。张居正面对现实，审时度势，便主动与当时的大内司礼监掌印太监冯保搞好关系，这是明智之举。以此攻击他，我认为是书生之见。

张居正与冯保合作十年，期间，宦官没有干政，挥霍无度的大内也节约了开支，这是非常了不起的，也是有史可查的。因此不要简单地论述他如何与宦官勾结，而要看他这样做是为了谋私利，还是为老百姓谋福利，为国家求稳定、求发展。我在书中写了这样一段故事：冯保推荐一个贪官给张居正，张居正立刻给这个贪官升官。他的朋友责问他："你口口声声反腐，却还重用贪官，人们将如何看你？"张居正回答说："如果我用一个贪官就可以惩治一千个贪官，这个贪官该不该用？"张居正是个有理想的政治家，但他知道要想实现理想就必须变通，有时甚至要与品行不端的人做交易。

在明朝这样一种政治环境中，做政治交易是必要的。如果用道德眼光评判，这显然不合时宜。生活与人物的复杂性决定了文学作品应淡化意识形态，因为人物过于理想化会导致脸谱化。一个成熟的作家不应该犯道德评判的错误。这是我充分消化历史资料后得出的结论。

张居正为人诟病的，还有一点是腐败。明史专家王春瑜先生和我首次晤谈时说，张居正一面搞改革，惩治腐败，一面自己又在腐败。我对王先生说，其实张居正本身还是比较自律的，从他家抄出十一万两银子说明不了问题。这里头有一部分是皇帝赏赐给他的，史籍上有明确记载，说皇上及两宫太后对他"赏赉无虚日"，还有一部分是他的俸禄，当然也有些是朋友的馈赠。他在没有当上首辅时就曾给他的朋友写信说，我从来都讨厌送礼，但好友送礼除外，因为这不是以权谋私，是朋友之间的人情往来，也是为了避免做人过于生硬。当了首辅之后，连好友送的礼品他也不接受了。

他在三十岁时，曾回荆州养病三年，其间看到严嵩父子大肆受贿，曾给朋友写信说了八个字："吏治腐败，政以贿成。"这表明他对此深恶痛绝。他非常清楚，吏治败坏是国势衰微的重要原因。

他的管家游七背着他收钱，讨了一个小老婆，是一个在朝官员的姨妹子。张居正勃然大怒——他曾规定，任何家人不得干预政事。他用家法惩治游七，打断了他的腿。这就是他约束家人、惩治腐败的一个证据。

有一个府尹送东西给张居正在家乡的父亲，父亲收下了，张居正知道后，写信给予了非常严厉的批评。张居正的父亲去世后，敬修、懋修回去奔丧。两个儿子也当官了，完全可以用公家的驿站、公家的马车人力。但张居正一再告诫：你们不得接受公家的接待。这些例子在张居正的书信中有很多。

至于戚继光送美女，这个确有其事。今天，我们写历史小说，要做到三个真实：第一是典章制度的真实；第二是风土人情的真实；第三是文化上的真实。最后这点非常难以做到，要求我们不要用今天的文化心态去评判明代的事。举例说明，一夫多妻，这是明代的婚姻制度。不孝有三，无后为大，这些大家也是知道的。明代有很多这样的例子，如高拱，没有儿子，朋友就送姑娘给他。当时的人不仅不谴责这种事，反而认为这是一种美德。没有人会认为纳妾是道德败坏。明代的人，包括张居正的政敌也没有谁从这一点去攻击他。

梁启超认为中国古代有六大政治家，商鞅、诸葛亮、王安石、张居正都在里头。这个评价不低。纵观前人著述，对张居正的评价最到位的是熊十力先生。他说，自春秋以降，直至今日，没有一个人超过张居正。熊十力说这句话的时候是1950年，在那个年头说这样的话，需要极大的勇气。

熊十力对张居正这位荆州先贤的评价很高，但他对张居正的认识也是分阶段的。第一阶段，他认为张居正是优秀的政治家，但晚节不保。第二阶段，他也认为张居正使用了不应该由自己使用的权力，有权臣之嫌，但又肯定张居正使用这些权力为社稷与老百姓谋了不少福祉。第三阶段，熊十力又认为张居正并没有越权行政，因为管理国家的权力，本身就应该属于宰相，他只不过做了中国第一人。

熊十力对张居正做出这种肯定，我非常赞同。同熊十力一样，我对张居正的认识也是伴随着我的写作过程不断深入、演变，而逐渐丰富、清晰起来的。动笔写《张居正》之初，我想到杜甫的一首诗：

> 摇落深知宋玉悲，风流儒雅亦吾师。
> 怅望千秋一洒泪，萧条异代不同时。
> 江山故宅空文藻，云雨荒台岂梦思？
> 最是楚宫俱泯灭，舟人指点到今疑。

这首诗是杜甫当年路过归州，缅怀宋玉所写。杜甫距离宋玉有千把年。我和张居正之间，只有四百多年。史证不远，稽古可待。在整个写作过程中，我感受最深的就是张居正的悲剧很特别。

历史上有两种人，一种人皇帝不喜欢，但读书人和老百姓喜欢，如海瑞、李贽、屈原等等；另一种人是读书人不喜欢，但皇帝喜欢，如秦桧等等。但张居正两边不讨好，皇帝与读书人都不喜欢他。他一身担天下事，一人敢为天下先，皇帝觉得他包揽大权，怎么会喜欢呢？他在改革中，一点面子也不给读书人，如禁毁书院、扼制言论、裁汰庸官等等，把天下读书人都给得罪了，所以读书人也不喜欢他。但他推行万历新政，底层老百姓的确得了不少实惠，也很感激他，遗憾的是在漫长的皇权专制时代，老百姓没有话语权，这就是张居正被历史埋没的原因。

在中国所有的悲剧人物中，张居正的悲剧对于反思中国政治与文化更具有典型的意义。

2005 年 6 月 9 日

在长江大学纪念张居正诞辰四百八十周年座谈会上的演讲

我的忧患人生

一

今天，在这里和同学们交流，我想谈谈我的文学和人生。这并不是一个新颖的话题，像我这个年纪的中国作家，大都有自己的忧患人生。

今年，应中国作家协会的邀请，我参加了中国作家重走长征路的活动。在暮春五月下旬，我来到江西瑞金。七十多年前，这里是中华苏维埃政府所在地，是红色首都。我参观了中共中央苏维埃政府各个机关的旧址，也瞻仰了毛泽东、周恩来、朱德、张闻天等老一辈革命家的故居。我是第一次来到赣南的中央苏区，可是这里所有的景物，我都感到十分熟悉和亲切。不只是这里的郁郁葱葱的樟树林，也不只是这里的漠漠水田以及大地上蒸腾的乳白色的雾气，同我的故乡毫无二致。这里的民俗风情以及内敛的精神气象，与我的家乡也极为相似。我的故乡英山县，在大别山腹地，属于湖北的鄂东地区。在大革命时代，这个人口不足二十万的小县出现了七千名烈士。仅黄埔军校四期以前的学生，我们县就有六十多名。这些人后来大部分都成为红军的指挥员，血染沙场，成为烈士。有一句格言说，"英雄的归宿在战场"，所以，人们用"血染土地三尺红"来形容我的故乡。我对苏区的亲切感，来自我在童年受到的红色文化的洗礼与熏陶，也来自我对故乡前辈中那些英雄烈士的景仰。每一个时代都有自己的英雄，每一位英雄都有自己的忧患，正是一代又一代英杰薪火传承，我们的民族才有希望。所以，在赣州市政府举行的座谈会上，我深有感触地说："如果我早生六十年，我不可能当作家。我肯定加入红军的行列，当一名旧世界的掘墓人。我非常羡慕毛泽东、周恩来、朱德这样一批革命家，他们能在中国的大地上写下民族的史诗。"这几句话道出了我的真实感情，但一个人没有办法选择历史。我是在新中国成立后出生的人，我不可能过那种"醉里挑灯看剑，梦回吹角连营"的生活。我最终在属于我的这个时代中找到了自己的位置，这就是当一名作家，用自己的笔，来书写民族与英雄的史诗。

我在二十六岁那年，写出了我的成名作。那是一首政治抒情诗，名字叫《请举起森林一般的手，制止！》。这首诗获得了1979—1980年度全国首届中青年优秀新诗奖。今天重看二十多年前写的这一首诗，会觉得它诗味不浓，有的诗句太直白。总之，会挑出很多的毛病。但是在当时，它却是发自我内心的呐喊。那时候，在座的同学们很多都还没出生，所以，你们不大可能理解当时中国的情况。"四人帮"刚刚被粉碎，我们的人民虽然看到了希望，但还在苦难之中，大部分的人都处在恐惧与焦虑之中。我们整个民族、整个国家都像受惊的小鸟。所以，这首诗在当时发表之后，立刻在整个文坛引起了震动。那种文学的冲击波，是我们今天任何作家都想象不到的。那个时候的年轻人不追歌星，不追影星，他们追的是那些为人民鼓与呼的作家。我记得我的诗发表之后，应邀到武大演讲。那是我第一次在武大演讲，当时，我连大学生都不是，却登上了大学的讲台，而且不是在教室里，而是在大礼堂里讲。听我演讲的有数千人，下午五点，我的演讲结束，到八点钟我还没有走出礼堂，外面密密麻麻的全是人，走道上也全是人，我出不去。同学们都找我签字，我手都签酸了，但心底很高兴。

那个时代是文学的盛宴，一首好诗发表，必定万人传诵，洛阳纸贵不是一句空话，而是事实。这在今天听来像是天方夜谭，可是在当时，在我的文学生涯中，这样的事的的确确发生过。而且，最重要的不是这些文学爱好者、这些读书人对你的赞赏，而是那些农民、老百姓的支持，的确让我感受到了人民的力量。当时，我的这首诗触动了一些人的利益，于是他们利用手中的权力，组织了对我的声势浩大的批判。故乡的老百姓听说我遭到批判，都纷纷表示支持我。有一次我从武汉回去，他们得知消息，便在长途汽车站等着我。数以千计的支持者在烈日下，等待一名诗人的归来，这在今天真是难以想象。欢迎我的人，不是像你们这样正年轻的大学生，而是乡村老大爷、老太太，朴实的农民与工人，是这样一些人，组成了我的强大的"粉丝"团。我刚一下车，他们就燃放起了鞭炮。当天半夜，有人敲我的门，我开门一看，是一个老大爷，他走了几十里地，送了一瓶酒给我，对我说："听说你能喝酒，我没有别的送给你，就送你一瓶酒。酒能壮胆。如果你因为这首诗，冤屈死了，我会到处去乞讨，化也要化出钱来，给你修一座我们县最高的坟。"有一个老太太，让她念初中的孙子，读我的诗给她听，听完了以后，她又让儿子到县城来找我，说她什么都没有，只有两只母鸡，就非要送给我吃。我的诗是1980年1月发表的，2月就过春节。那时，农村生产队一过完春节就要学文件。有一个生产队队长买来几张五分钱一张的大白纸，裁成十六开的小块，用复写纸垫着，让他的儿子抄录我这首诗。全村四十九户，抄四十九份，一户一份。正月初三，他就把全队的农民召集起来学这首诗。那时候，人民群众和我们的文学，零距离。

现在，我已经在文学的长途中跋涉了几十年，每每回忆最初我走上文坛的那些事，仍不免激动，其中许多场景都令我终生难忘。针对当前文学不景气的局面，我要说，不是我们的人民遗弃了文学，而是我们的文学遗弃了人民。如果一个作家始终有着强烈的社会责任感，像当年从江西瑞金走出来的那一批革命家那样，永远想到最广大的老百姓，那他的作品一定会在人民大众中广为流传。我从二十多岁走上文坛时，就强烈地感受到了这一点。记得1981年春天，我坐火车到北京去领奖，看到京广线两边的景色，我感到久违的活力又回到了中国这片大地上，整个民族终于有了发自内心的笑声。所以我怀念那个时代，那不但是文学盛宴的时代，也是民族生机勃勃的时代。从这里，我们可以看出文学与时代的关系。

二

一个作家理解自己所处的时代是很困难的，因为他无法站在时代之外。但是他还是能够感受时代的脉动，从中发现文学的激情。任何时候，一个作家都应该理直气壮地承担起为民族思考的责任，为社会思考的责任，为时代思考的责任。

两千多年前，楚国的大诗人屈原就曾在《离骚》中咏叹"路漫漫其修远兮，吾将上下而求索"，这是一种永不懈怠的忧患精神。屈原之后，诸如李白、杜甫、苏东坡、王安石、辛弃疾、陆游、曹雪芹等等伟大的作家，莫不是这种忧患精神的薪火传人。当我们阅读这些古人的作品时，我们可以问一问，究竟有多少人是用心灵来阅读的。以旁观者的身份去欣赏它，还是努力地用心灵去体验它，这是两个概念。如果我们真正像一些伟大作家一样献身于文学，是要承担多种风险，同时也要承担更多责任的。

因为我的那首政治抒情诗获得全国的大奖，1981年，我就调到省里当上了专业作家——20世纪80年代，作家的地位很高。但是，进入文坛后，我立刻感到文坛所有的游戏规则，不但影响我的心态，也影响我的生活方式，甚至影响我做人的准则。我总是想办法挤出更多的时间回到老百姓当中去。但是随着时间的推移，我还是很难抗拒成名之后的种种诱惑，比如说大量的约稿，比如说各种各样充满光环的聚会，比如说各种各样让一般人非常羡慕的职位，等等。所有文学之外的东西，都来诱惑你。在1985年之前，我还有一个比较清醒的认识，我始终把那十个字牢记在心中："在山泉水清，出山泉水浊。"我试图保持我对文学原始的热恋，但这说起来容易，做起来真难。如果你不遵守文坛的游戏规则，别人说你孤傲；如果你推辞、拒绝一些浮华的东西，别人说你矫情。所以我说文坛的中心没有文学，至少文学的氛围不怎么浓。有的人整天忙于参加各种各样的文学会议，接待各种各样的名人，谋取各种各样的头衔，成天忙得晕头转向、身心俱疲。谋到了一官半职，当时是很荣耀，可是回头一看，一地鸡毛，根本不值得一提。长时间处于这样一种生活中，一个人将失去文学创作的感觉，这是作家的悲哀。

孟子说过一句话："我善养吾浩然之气。"一个作家应该同大政治家、大学者一样，善于锤炼自己的"养气"功夫。作家要想写出好的作品来，有两个"不能离开"，一是不能离开人民，二是不能离开自然。长期置身于人民之中、自然之中，一个作家必定能养出自己的浩然之气。昨天，我从江汉平原回来，看着车窗外的原野，虽然还在萧瑟的冬天，却依然充满了生气，我不禁心情一振，对身边的人说了一句话："一个不喜欢自然的人，必定是一个精神残废的人。"可是现在，我们的一些作家远离了自然。文学的自然是由土地和人民构成的，一个作家离开了土地，离开了人民，他的精神就失去了营养，所以必定是残废的。在物欲横流的世界里，一个人想抗拒诱惑，保持自己文学的本真，需要极大的勇气。虚云老和尚在江西云居寺圆寂之前，说过一段话，大意是：佛教的末法时代来到了，智障在每个人的心灵中产生。现代人的根器太钝，没有能力破开这些迷障。这句话对于今天的人们，具有很大的指导意义。我们今天拒绝那些物质的诱惑与感官的欢乐，需要付出巨大的努力，甚至是挣扎与撕裂。我自己的文学经历便证明了这一点。20世纪90年代之后，我有好几年的时间一个字都没写，我一直在思考我的人生应该如何发展，文学的路今后应该怎么走。其间我也下海，我下海的原因也是感觉到我没有能力摆脱文坛的种种浮躁、种种诱惑。跳出三界外，不在五行中，所以我跳出了文坛。在商海的几年，我又获得了80年代初的那种朝气蓬勃的感觉，恢复了与生活的零距离接触。这时，我再看我的文学圈子里的一些朋友，他们跟我们的时代已经越来越脱节了，他们一成不变的生活方式，已经决定了文学边缘化的不可逆转。因为时代前进了，而他们却在原地踏步。

三

任何一个时代，任何一个领域，都有始终不渝地坚守自己理想的人。坚守是很宝贵的，我刚刚说的虚云大师的经历，便是一个很好的例子。他当和尚的时代，已经不是中国佛教最好的时代。他没有生在唐代，也没有生在宋代，偏偏生在一个人们不要佛教的战乱年代。他一生要付出多得多的努力，经受多得多的痛苦，才能保持一位禅师的尊严，才能实现一个出家人弘扬佛法的志愿。他用将近一个世纪的努力，弘扬佛法，得到了世人的尊敬。时代可以不需要佛教，但是虚云不能没有佛教。时代可以不需要文学，但我心中不能没有文学。这就是说，你不要随波逐流，你要有与世俗抗争的勇气和决心。

人们说，当局者迷。当我在文坛的时候，有很多东西我看不透，我摆脱不了文坛的游戏规则。当我完全离开了文坛，成为一个商人，当我从台上演戏的人，变成台下观众的时候，我终于将文坛每一个人的表演看得清清楚楚。我这才知道，我的过去，哪些是对的，哪些是错的。"悟以往之不谏，知来者之可追。"我开始用新的眼光来看待文学了。文学为什么越来越让人失望？它的读者群体，它的社会影响力，为什么越来越小？原因是很复杂的。既有社会的原因，也有作家自己的原因。我在商海的几年，既没有套救生圈，也没有呛水。按常人来看，我已经是成功的商人了，可是我心中没有一天忘记我的追求。我始终想实现我的文学的理想。

1992年，当那一篇《东方风来满眼春》让国人振奋，改革又重新启动的时候，我就有一种感觉：我们的改革将会有一个新的突破，这个突破将是我们国家历史的一个拐点。在这场重新启动的改革中，有哪些是值得思考的问题呢？历史中的改革究竟是螺旋式上升呢，还是惊人的重复？我在经商之余，就思考这些问题。结果就是我最终选择了张居正这个人物作为我思考的载体。因为张居正领导的万历新政是一场经济改革。他既是这场改革的倡导者，也是推行者。所以他既是设计师，也是工程师。万历新政的成功与夭折，聚焦到张居正这个特定人物上，悲剧色彩非常重。于是我就带着我对今天的社会的责任感，带着我对历史的思考，开始准备写这部小说。1997年的国庆节，我和我商界的朋友们在厦门度假，到收假的时候，我说，我今天给你们通个气，我从1998年1月1日起，向你们请假。他们说，你要干什么？我说，我要回去写作。他们没有一个人相信，他们说，你写什么？我说，我要写张居正。他们说，张居正是谁啊？我给他们讲了张居正的经历。他们听完后摇着头说，不能写，为什么呢？第一，张居正没有名气，连我们都不知道，老百姓更不知道。你这不是自讨苦吃吗？第二，唐浩明先生的《曾国藩》、二月河先生的《雍正王朝》，都在读者中产生了巨大的影响，你超得过他们吗？

他们这样说的时候，我内心感到很凄凉。张居正这么优秀的一位改革家，居然连这些博士、硕士、亿万富翁都不知道。这难道是张居正的错吗？梁启超曾赞扬张居正是中国古代六大政治家之一，可是我们中的许多人，竟然不知道张居正是谁，这难道正常吗？因此我在一篇创作谈中讲到，一个作家应该用他手中的笔，来帮助民族恢复记忆。我就凭着这一股劲儿，告别了商海，回到书斋中坐我的冷板凳。我的朋友知道无法劝回我，就问了一句话："召政，写作很苦，你过惯了商人的生活，重新回到古卷青灯的书房，受得了吗？"我说，锦城虽好不如家。文学是我的家，再寂寞，再艰难，我也觉得充实，因为我能守住自己的本真。

我回到小小书斋的时候，真的有一种回乡的感觉。

"白日放歌须纵酒，青春作伴好还乡。"我让疲劳的人生暂停，把扭曲的感情恢复过来，我又重新当起了文人，这种感觉真好。但我只是回到文学，不是回到文坛。在写作《张居正》的那五年时间里，我跟文坛没有多少交往。我歌我哭，我爱我恨，统统都是从我内心迸发出来的，我不用去看任何人的脸色。我不用"待晓堂前拜舅姑"，一切的掩饰都抛弃了，一切的矫揉造作都不用了，我只需要面对我的责任。

后来，这部书出来以后，得到那么多读者的喜爱，我想最主要的原因是我是用心灵在写作，我没有考虑任何的社会的功利因素，没有考虑文坛的条条框框。我也不去想别人会怎么看你，怎么评论你，自己能不能成功，等等，这一切我都不去想。我觉得搞文学就应该是寂寞的劳动。

四

获奖以后，记者问我：你觉得文学的最高境界是什么？我说，就是在自己心中放一条冷板凳，每天在那条冷板凳上坐一坐，不为功名所累，不让世俗牵着鼻子走。在我的文学生涯中，有一种情感几乎是与生俱来的，那就是忧患。郭沫若先生在成都的杜甫草堂里面写了一副对联：世上疮痍，诗中圣哲；民间疾苦，笔底波澜。我觉得这是一个作家文学生涯的生动写照。居安思危是文学家与生俱来的品质。任何时候，一个作家可以快乐也可以忧伤，但千万不可游戏人生，当然，也不可游戏文学。4月11日那天，第六届茅盾文学奖公布后五分钟，新浪网的记者就打电话问我：你此刻想和广大的读者说点什么？我说此刻我只想说一句话：你尊重了文学，文学就会尊重你。今年6月，第六届茅盾文学奖颁奖典礼在茅盾先生的故乡浙江乌镇举行。当我走上领奖台，拿到奖牌时，我发表了一段简短的答谢词："任何时候，我都愿意选取历史中健康的、积极的一面，来重塑我们民族的灵魂。过去，我是这样做的，今后，我将一如既往地坚持。"这是我深思熟虑之所获。因为一个作家如果仅仅简单地把忧患变成愤怒，变成一种哀怨，那么他的作品可能会误导读者。

现在，伟大的民族复兴运动刚刚开始，作为一名作家，我只能用手中的笔来参与这一场伟大的变革。这里面，牵涉一个作家的出发点，你是建设这个时代还是毁灭这个时代？你是改变这个时代还是诅咒这个时代？要做出取舍，起作用的是作家的社会责任感。我觉得一个人永远不能选择时代，这个跟到菜场买菜不一样，你可以选择是买萝卜还是买白菜，生活的时代你没有办法选择。你说你现在要去唐代生活，你去得了吗？一个人没有办法选择自己所处的时代，但是，他有权力选择在这个时代里思考的方式，在这个时代生活、工作的方式。我通过反复思考，最终还是选择当一个作家。一个负责任的作家，应该同我们的政治家、企业家、科学家一道，担负起重铸民族辉煌的重任。

我在前面讲过，在江西瑞金，我看到了七十多年前的一批热血青年、仁人志士，自觉地担负起拯救国家危亡的重任。他们的历史使命完成了，留给我们的任务是振兴我们的民族。这是一项艰巨而快乐的任务，值得我们为之终生奋斗。既然定下了这个方向，我们就不能当一个毁灭者、自暴自弃者，而应该永远保持旺盛的精神、忧患的意识。可以说，我的起点是忧患，终点是文学。

附：回答听众提问

听众：任何一个作家，当他的原作搬上荧屏的时候，他最关心的问题，是他的写作意图和导演的思想相左。听说为了迎合观众的习惯，你对《张居正》剧本做了四次大手术，删除了很多自己得意的部分，我想听听您对此的看法。

熊召政：好，下面我来回答这个问题。首先，我的四次大手术，不是把《张居正》的文学思想和精华删去了，是在表现方式上做出改变。为什么要动四次呢？第一次，我写完以后，送到国家广电总局审查。审查完后，我按照他们提出的一些具体的修改意见做出修改，如对牵涉的宗教问题、少数民族问题做一些修改；第二次是明史专家提出来的，他们主要是从尊重历史的角度提出应该注意和修改的地方；第三次，导演和主要演员从表演的需要提出修改意见，我据此修改；第四次，发行人、投资商根据市场调查，提出应该做出调整的地方，我根据具体情况酌情修改。这四次修改都是由我本人完成的，我可以有所为有所不为。有些地方是可以改的，有些地方我可以换一种方式，比较灵活地表现出来。一个人很难完全不向市场妥协，但可以做到把市场的因素融入文学的尊严中。一个作家过分地强调文化上的尊严，而不顾及观众、读者的感受，这表示这个作家没有宽容、敬畏的一面。君子有三畏，畏天、畏地、畏鬼神。我们作家也有三畏，畏观众、畏读者、畏市场。作家要找到与观众心灵沟通的渠道。我不能说我做得很好，但我会试着让观众和读者感受到，我为他们着想的一份真情。

听众：20世纪90年代后期，您弃商从文，是因为您的恩师姚雪垠"死后要留有垫后脑勺的作品"这句话吗？

熊召政：80年代的时候，我的《请举起森林一般的手，制止！》那首诗发表，赢得了一些虚名。我作为年轻人，也非常自负，自命不凡。姚雪垠老先生给我当头一记棒喝，他说："一首诗不能定乾坤，你死后有代表作垫你的后脑勺吗？"当时，我有点不服气，说："姚老，我也会写历史小说。"他说："好啊！"我当时是一句气话，但为了这句气话，我奋斗了二十年。后来我虽然经历了许多坎坷，但这个愿望始终没有放弃。当年在老师面前，还有一句话我不敢说："我要超过你。"那个时候我认为，你能成为大作家，我难道不行吗？实际上当我年过四十之后，一切铅华落尽、浮躁退去，我很为我当年的冒失而羞愧。当然，我也为我最终实现了诺言而欣慰。姚老是第一届茅盾文学奖的获得者，我是第六届的，我们中间隔了四届。我获奖的时候，他已不在人世了，但他的在天之灵一定会很高兴。尽管我的人生路非常曲折，充满坎坷，但我始终没有忘记我的使命。文学对有些人来讲可能是一种谋生的手段，对我而言却是实现理想的方式，是我参与生活、为民族思考的一种方式。

听众：《张居正》这部作品，符合您垫后脑勺的作品的标准吗？

熊召政：如果我今天告别了这个世界，不管我赞不赞同，也只能用它垫后脑勺了。但我还想再活几十年，还想不断地超越自己，争取有更好的作品来垫后脑勺，那样我会很高兴的。我会为这个目标继续努力。

听众：你对《西游记》的看法是不是与目普遍的看法不一样？

熊召政：中国的四大名著，除了《红楼梦》，其他三部在明代中叶就出现了。为什么会出《西游记》？是因为明代嘉靖皇帝信奉道教，毁灭佛教。当时皇宫里有一个寺庙，供奉了很多的舍利子，连佛骨佛牙等，有一万七千多斤。嘉靖皇帝下令拆毁皇宫里的寺庙，把里面的法器、佛骨等，在北京的菜市口，架起大火烧了几天。他还下旨，只允许每个地方保留一座寺庙，二十多个和尚。因此，全国有数万和尚还俗。吴承恩当时在湖北的蕲王府中做书记，就是秘书。他迎合嘉靖皇帝的思路，写出了《西游记》。不知同学们注意到没有，到西天取经的除了唐僧之外，是猪八戒、孙猴子、沙和尚和马这样的形象。所以说，《西游记》是在当时的社会环境下产生的作品。

听众：您对当代的教育有什么看法？

熊召政：中国现在的教育是应试教育。孔子"有教无类""因材施教""寓教于乐"这样一些观念在今天反倒体现得不明显了。分数决定一切的方式，也会扼杀人才。学生们为了应付考试，都身心疲惫。我们的教育出现了一些问题，但现在这种教育机器正在运转，要把它停下来，修理它，也不是一件很容易的事情。我不是教育家，很难说透彻。

听众：您对《乔家大院》有什么看法？这部电视剧和现实有什么出入？对乔致庸、对晋商，您有什么评价？

熊召政：《乔家大院》的作者是我在武大作家班的同班同学朱秀海，他是一位优秀的作家。历史题材的作品，他这是第一次写，初显身手就一炮走红，我为老同学高兴。这部戏是歌颂晋商的，但对晋商的评价，不是一部电视剧就能给出完美的答复的。

听众：我想听听你对中国传统文化和西方文化发展趋势的看法，中国发展传统文化的同时，怎样对待西方文化？

熊召政：一切都在探索中。上一代人将文化的接力棒交到我们手里，我们还会交到你们手上，你们还会往下传。我们要用智慧来开启民族思考的大门，来容纳西方文化，这一过程是漫长的，而且是非常漫长的。

今天我们就交流到这里，谢谢大家！

2005年12月23日

在武汉大学的演讲

文人与商人

一

非常高兴来到成都电子科技大学和同学们交流。我今天演讲的题目是《文人与商人》。

同学们可能会感到奇怪：一个作家，为什么要讲这样一个题目呢？这是因为我曾经下海经商了几年。每次演讲之后，总有人问我经商的经历。我便想到应该找一个机会，回答大家的好奇，即我是怎样当文人的，又是怎样当商人的，是怎么将两者结合的。诸如此类的问题，我今天就通过成电讲坛告诉大家。

在中国古代，谈到文人，类似于今天我们说到知识分子，那是一个很宽泛的概念。但如果认真地研究，我们就会发现，文人从来都不是一个整体。无论是价值取向，还是生活旨趣，都不完全一样。古人言"渔、樵、耕、读"

四大贤人，读书人摆在最后。这读书人便是知识分子，便是文人。文人进入社会之后，便立即分化，社会职业千差万别。我们的两院院士是文人，官员、政治家也是文人，学校里教书的老师、幼儿园里的阿姨都可以叫文人。所以说，文人不是一个整体，它只是社会人群中的一个类别。凡是读书人，凡是知识分子，都可称作文人，这是广义的文人。这个文人，其实是文化人。

如果说狭义的文人，就单纯地指吃文学艺术这碗饭的人——靠手中的一支笔谋求生存，为社会做某种贡献，像扬州八怪，便以卖文、卖画为生。这样的人不多，他们通晓诗词歌赋、琴棋书画，即我们所说的文学家和艺术家，这应该是文人的正宗。但是，在古代，即便有文人的身份，仅靠一技之长谋求生活的人，还是非常之少。我们读一读中国的文学史，就会发现，从屈原写《离骚》开始，直到晚清，靠写作为生的作家非常之少，古代中国的作家多半是官员。不过，有趣的是，他们身后得大名，并不因为他们是高官，而是因为他们的作品。今天，我们多半忘记了屈原三闾大夫的高官身份，却记得他是诗人。不过，在官本位的古代中国，衡量一个作家成功与否，除了文学这把尺子，还有官场这把尺子。孔圣人说过，"学而优则仕"，这五个字便是朝廷乃至民间衡量人才的标准，甚至是唯一的标准。书读得最好的人，一定要当上高官。

因为"学而优则仕"，古代文人中的很大一部分，承担着管理国家的责任。"学成文武艺，货与帝王家。"在中国古代，知识分子建功立业，就是为朝廷服务。因此古代没有专业作家的说法，文人们从政之余，才吟诗作赋。这些人的身份，用今天的话说，是公务员，其业余身份才是诗人、画家、书法家。当然，也有极个别例外，像吴道子，他是宫廷画家，用今天的话说，他是享受正部级待遇的画家。

文人有时可爱，有时可恨；有时可敬，有时可杀；有时缚虎除害，有时舍身伺虎，有时为虎作伥。古代一个优秀的作家、艺术家，其安身立命的东西不是好作品，而是"学而优则仕"，谋个一官半职。但如果一味当官，也会被人瞧不起，要在当到一定的时候退隐，就是主动把乌纱帽摘掉，挂冠还山，这样就会获得清誉，他的作品便尤其受到世人的重视。像郑板桥，他是当了多年的县长，退休后才到扬州卖画的。我们的大诗人李白，也跑到官场凑了一回热闹，当了大学士，也就是皇帝身边的御用文人。民间故事中说他醉草蛮书，让杨国忠捧砚，高力士脱靴，就是展现李白当大学士时的狂劲儿的。不过，李白也实在当不了官，他才情很高，但他的行为举止和官场的游戏规则离得太远，太不靠谱了。所以皇帝只好赐金将他放还。

但李白之经历只是文人中的个案，从通常意义上说，古代文人是整个社会游戏规则的规范者，是整个社会风气的倡导者。美国未来学家托夫勒在他的《第三次浪潮》

这本书中讲道，"风俗自下而上，风气自上而下"，这话很有见地。贩夫走卒，引壶卖浆者流，他们的行为举止、生活习惯，形成的一种嗜好、一套规矩，便是风俗。比如说，成都人到了冬天，一见出太阳，就想跑到郊区去喝茶、打麻将，一进足球场，就狂呼"雄起"，这就是成都的风俗。而武汉人早上起来，谁也不想生火做饭，而是上街去"过早"，不是买一碗热干面，就是买两只面窝，一边吃一边赶乘公共汽车，这就是武汉的风俗。相对于风俗，风气更偏重雅的一面。两者的关系，有点像下里巴人与阳春白雪的关系。风俗是大众的，随处可见的；风气是小众的，有时是与风俗相背离的。在中国古代，文人的主体在上流社会，因此文人是风气的倡导者，用今天的话说，就是为精神文明提供一个正确的蓝本。我们中国古代的文人，绝对不会像凡·高那样，把自己的耳朵割下来，在情人节送给一个女人。他们私下里可能会欣赏凡·高，但从道德观念出发，他们会和凡·高划清界限。中国古代最张狂的文人，莫过于竹林七贤。他们的怪异，不仅体现在行为举止上，更体现在思想的叛逆上。这也就是我们通常所说的魏晋风骨。

二

如果从利益与社会地位来划分，文人也不是一个整体。社会各个阶层都有文人。私塾先生、账房先生是文人；吕洞宾、张天师也是文人；从秦国的李斯到晚清的翁同龢，中国的宰相几乎都是文人。皇帝可以不是文人，刘邦不是，朱元璋也不是。但刘邦手下的萧何、张良是大文人，朱元璋手下的刘伯温、宋濂也是大文人。离开了文人，中国的文明史将不存在。《易经》与《天工开物》这样的书，是文人写的；《全唐诗》与《全宋词》，也都是文人编的。贞观之治、万历新政中成功的治国经验，也都是文人创造的。古代的文人中，通才很多。上马治军，下马治国，坐而论道，还兼通六艺，出了许多了不得的人物。今天，社会分工越来越细，学科之间的鸿沟越来越深，所以不能像古代一样，出那么多通才。学问越来越专，使今天文人的队伍发生了很大的变化。科学技术的迅速发展导致了文艺的萎缩。我说的萎缩不是指量，而是指质。今天，文艺的最大功能不是教化，而是娱乐。这种情形下，真正的艺术很难出现。这是问题的一个方面，还有一个方面是，今日的官场，已不是文人兴会的地方。古代的大文人，一般都另有一个大官人的身份。如唐宋八大家，几乎都是官员出身，这在今天几乎不可能。所以说，今天的文人比之古代，不是在膨胀而是在萎缩。

历史上读书人最高的理想是当官，这一点没错。为什么呢？在古代，文人最能实现自己理想的平台就是官场，只有当了官，才能完成自己的事功。西汉的班超在书房里把笔一丢，"大丈夫当万里封侯"，他觉得当一个秘书没有什么意思，于是就辞去了秘书的工作，参军到了部队。投笔从戎的故事，就是这么来的。

古代读书人，完成理想分四个阶段，即"修身、齐家、治国、平天下"。这是循序渐进的，前两项在个人领域，后两项在公共领域。一个文人的一生，便围绕这四样任务而展开。实施过程中，也讲究一个进退之道，即"达则兼济天下，穷则独善其身"。历代文人，达者很少而穷者很多，这是因为官场的位置有限，僧多粥少嘛。所以，当了官的文人就很光彩，就成了楷模，当不成官的文人就成了落魄书生。混得好一点的，就成了唐伯虎、李渔，成了风流才子。混得不好的，就成了金圣叹，惹来杀身之祸。读书人觉得自己最好的出路是当官，这应该是一种历史悲剧。造成这种悲剧的原因，是社会的发育存在问题。在专制社会，公共资源的配置权被控制在朝廷与官场手里。一个文人要想经邦济世，造福于民，首先就得拿到资源的配置权。这样，除了当官，他还有什么别的办法实现理想呢？

文人想当官，这不是文人的错，而是由政治制度造成的。值得庆幸的是，到了 20 世纪 80 年代，在小平同志倡导改革开放之后，这种情形有了很大的改变。由于改革开放，知识分子不再只有当官一条路可走。社会精英的主体不再集中在官场上。在龙腾虎跃的今天，我在各地行走，经常碰到一些优秀的大企业家，他们的名片上，在某某集团公司的董事局主席或首席执行官职务之后，还有一个头衔：博士。博士就是古代的进士，他们能够在官场以外的天地里寻找到为社会服务、实现自己抱负的平台，这是社会进步的表现。邓小平倡导的改革开放，让中国的读书人有了空前释放自己激情的机会。如今，传统意义上的文人，即我们今天所说的知识分子，分流为三大块：第一块还是官员，国家、省市一直到县的各级官员，可以说清一色都是读书人出身，都有较高的文凭。第二块是以两院院士为代表的科技教育界的知识分子，这些人造出了"两弹一星"，培养了几代知识精英，可谓居功至伟。第三块即企业家。20世纪90年代开始，"文人下海"的浪潮掀起。这些文人，有点像当年美国淘金热潮中的西部牛仔，虽然失败的很多，不少人在商海里呛了水，灰溜溜地爬上岸来，但也有一些成了商界巨子、财富英雄，写出了新的商界传奇。政治、科技、商业，三足鼎立，让文人们报效祖国、实现理想的机会大大增加了。一个可能会终老江湖的文人，突然成了万众瞩目的大企业家，这是个人的传奇，也是社会的传奇。无数的传奇，诞生在我们这个改革开放的时代中。

三

　　中国历史上，曾有几个人才辈出的时代，一个是公元前6世纪至公元前5世纪之间，即春秋战国的转换期。那段时间出了老子、孔子、庄子、伍子胥、范蠡、孙子等等，这是中华文化的发育期。第二个时期是东汉晚期，就是我们说的三国时期。从公元189年董卓进入洛阳开始，到三国消亡，一共九十一年。这一时期天下大乱，诸侯割据，无数军阀都想问鼎天下，因此不停地征战。最后剩下魏、蜀、吴三国，它们都需要大量的人才保证自己战胜对手，在政治舞台上崛起。这就导致中国的人才成倍地释放，那些可能终老江湖的人变成了耀眼的军事明星、政治明星、战略明星。当然这不是文化发展的时代，是军事计谋发展的时代。第三个人才辈出的时代是从辛亥革命后到北伐战争之前，这二十多年，人才急骤地喷发出来，出现了很多思想家、政治家、军事家、文学家，人才的面比三国时期更宽。周恩来担任黄埔军校政治部主任时，只有二十七岁，一下子就进入了政治舞台的中心。三国时的诸葛亮被刘备三顾茅庐，出山当军师时，也是二十七岁。如果不是在激进发展的时代，这有可能吗？今天有很多大名鼎鼎的年轻人，二三十岁就成了大企业家，坐拥几十个亿的资产，这就有点像当年的诸葛亮和周恩来了。在经济领域里大展拳脚，这是碰到了好时代。

同过去人才辈出的时代所不同的是，当下这个时代给读书人创立的前所未有的机会，不是以战乱为代价，不是以军阀割据为代价，更不是以生灵涂炭为代价的。邓小平倡导的改革开放，创造着我们民族伟大的新史诗，它给文人提供的，是迈向盛世的平台。在这个平台上，一些年轻人很快找到施展自己才华的位置。有人说他们是碰上了好时候，不一定有什么超凡的才能。我不同意这个说法。能在纷繁复杂的社会中找到自己的位置，这不是有超凡的能力又是什么？任何一个时代，一个人要想成功，都必须找准自己的位置，获得更多的资讯，更准确地把握时代，获得更多的锻炼自己的机会。一个人只有经历了足够多的曲折和坎坷，尝到足够多的艰辛，他才有可能成为一流的人才。

以我自身的经历为例，1980年，我二十七岁，获得全国诗歌大奖。那一年春天，全国优秀短篇小说、中篇小说、报告文学和新诗四个大奖一起在人民大会堂颁发，党和国家的十几位领导人来为我们颁奖。从一滴水中见太阳，从作家们受到的礼遇，我感到中国的春天来了。几十名获奖作家中，我的年龄最小，因此也特别激动，我感到，美好的时代开始了，我们要努力！这种强烈的感觉，没让我飘飘然，没让我得意忘形，而是让我有一种神圣的使命感。我感觉到，社会向我开放了，我应该为社会做点什么。当这种使命感在我心中升腾的时候，它让我躁动。领奖回来，我坐在南行的火车上，看到华北平原的麦子已经开始成熟了，白雾一般的地气在升腾，再没有那种萧瑟的感觉，我非常激动，就在火车上写诗："我的坐在风车上的乡村啊，我的叼着旱烟袋的乡村啊，你说，我该怎样歌唱你呢？当有人把你从要饭的篮子上摘下来，洗得干干净净，重新放回到朝霞满天的原野时，这个人，我该怎样歌颂他呢？"这个人便是小平同志，是他让文人的价值回归。我觉得我生命的创世之旅就是从那一刻开始的。

四

现在我来讲讲为什么我在文坛有滋有味的时候，却又突然下海经商。我1981年调入省城，当上了专业作家。但在进入20世纪90年代之后，我突然感觉到所有的激情都消失了，每天坐在书房，不知道要写什么。1992年的某一天，我要出差，那时火车票很紧张，我便请铁路局的朋友给我买一张火车票。我提前五天告诉他，当时，他很为难。后来他把票给我，说："召政啊，你的这张票真难买。"我问："为什么呢？"他说："你知道软卧车厢里坐的是什么人吗？大多是汉正街的个体户。"汉正街是武汉的小商品贸易市场，全国有名，盛产万元户。在90年代，万元户还是很让人羡慕的。我听后心里有点不舒服，我说按规定我可以享受软卧车厢的啊！他说："规定没用！只有这一节软卧，要坐的人很多。个体户可以出三倍、五倍的价钱，你又出不起。"我感到知识分子的尊严受到了伤害，说："个体户有什么了不起，不就是有几个臭钱嘛！"朋友说："你也别这样说，不信你也去赚钱试试！"我说："我就赚钱给你们看看。我能写文章，还赚不回几个臭钱来？"在内心深处，我那时非常瞧不起商人。我的尊严提醒我，我得试试。那是一个物资短缺的时期，从生活用品到建筑材料，什么都缺。湖北有一个武钢，也有一个生产东风卡车的二汽。一些人通过批条子拿指标，到市场上一倒手，大把大把的钞票就揣进了兜里，社会上管这种人叫"倒爷"。我也不知道哪来那么大的勇气，有权有势的亲戚一个也没有，偏还想当"倒爷"。我天天去看东风卡车的价格，然后绞尽脑汁想，到哪儿可以搞一台车，倒出去赚一笔钱。不到一年的时间，螺纹钢的价格、东风卡车的价格，我搞得一清二楚，成了价格专家，就是没有当成"倒爷"。在计划经济的年代，我们很难实现自己的理想。

当不了"倒爷"，我决定下海。汉正街的个体户，卖纽扣也卖成了万元户，我不至于连纽扣都不会卖吧。听说我要辞职下海，我的家人全都反对，但我骨子里有一种勇往直前的精神。一旦决定要做什么事，十头犟牛也拉不回。

我下海时给自己定下三条游戏规则：第一，我是文人，不做文化生意。那时文人下海做什么呢？印书、卖挂历、做点小广告，都是小生意，一点意思都没有，赚不了什么钱，还很被人瞧不起。第二，哪儿钱多，我就到哪里去，这叫利用"场"效应。第三，自我"人间蒸发"，跟文坛再没有关系。因为老挂着文学，生意就没法做了。因为这三点，我很快找到了在商场的感觉。我在商场的几年，几乎所有人都忘记了我是作家出身，我自己的思维习惯也完全换了。文人把自己的尊严看得高于一切，商人把成功看得高于一切。我下海的第一件事，是做高尔夫球场。我投了一百万在里面，如果不成功，我这一百万就没了，这是非常现实的问题。而文人一篇文章不发表，不过浪费一张稿纸和半天时间，成本很低。如果这时候我还把个人的好恶看得高于一切，我就不是商人。商人满眼都是利益，必须尽最大的努力促使自己的项目成功。商人比文人活得残酷得多。如果没有商业的训练，我会用文人罗曼蒂克的方法来写《张居正》，让人爱憎分明。但我知道，最不能爱憎分明的是政治家和企业家。职业要求他们把自己的一些东西隐藏起来。文人的习性是一吐为快，这在商场却使不得，是经商的大忌。赚钱的快感与写文章的快感有点相同，但又不是一回事。记得我第一次赚到五千块钱时，左看右看，兴奋得通宵睡不着觉。我在80年代，十年的稿费攒起来有三万元。后来炒股票，这三万元在半年时间变成了二十八万。十年赚三万，半年三万变成二十八万，我老觉得这是梦，就觉得这个时代太好了，它给了我很多的机遇。知识分子不用找人批条子，就可以获得自己的财富了。要说时代进步，这便是最大的时代进步。

在商海的七年，我做过高尔夫球场、房地产和证券行业，结识了一大批商界朋友，其中不少是精英人士，至今还是叱咤风云的时代骄子。尽管我也算获得了成功，掘到了第一桶金，家中五十块钱买的破自行车换成了豪华轿车，房子也越住越大，但我并没有乐不思蜀，最终还是回归文人的身份。我这么决定，有两个原因：第一，在经商期间，我利用业余时间大量地研究明史。我觉得张居正这个人的形象在我心中已是呼之欲出了，我想集中时间、集中精力为他写一部历史小说。第二，我已经失去了赚钱的快感。当年赚五千块钱，我兴奋得一晚上睡不着觉，现在一天赚一百万，也完全没有兴奋感。我心里明白，这种兴奋感的消失，证明我不是一个好商人。确实，我当年下海，就是为了赌一口气，试试自己能不能赚钱。

1998年秋天，我接受香港亚视采访的时候，主持人问我："熊先生，现在文人都急于到商海里去，你为什么要回来？"我说："第一，我的性格不适合经商，我好静，喜欢独处。商人不一样，他需要把自己向社会全部打开。第二，我骨子里还是一个文人。我从小受到的训练是文学训练。我五岁开始练毛笔字，背诵唐诗宋词，背《古文观止》《文心雕龙》。我受过的职业训练告诉我：将来能够激发我生命能量的恐怕还是文学。因为碰上改革开放的好时代，我掘到了第一桶金，也掘到了第一桶智慧。第一桶金保障了我的生活。但再在商业上往前走，我恐怕不会有更大的成就。说一句很势利的话，当超级企业家，我今生无望。我的年龄、资历、经历都不能保证我完成这个目标。但是我在文学上非常有雄心，也有野心，只要我努力，兴许还有可能成为中国的托尔斯泰。今天借你的镜头告诉观众，我下海几年得出的经验是：赚钱很容易，写文章很难。"主持人笑了起来："熊先生，因为你成功了，你可以说这句话，你认为所有文人都能说这句话吗？"我说："这是我说的话，因为在这么好的社会环境下，赚钱只需要中等的智慧；可在这种浮躁的社会环境下，沉下心来写一部力作，你需要上等的智慧。因为你首先要抗拒而不是顺从。我没有贬低能赚钱的人。如果我年轻二十岁，我就不说这种话了。"

在漫长的岁月里，文学家、艺术家曾经是社会风气的提倡者，现在这种功能的承担者转向了企业家。在经济社会，作家已被边缘化了，他们头上的光环让给了企业家，但这绝不是社会的退步，而是进步。如果一个人在三国的时候，想当曹雪芹，肯定是会出问题的。当时荆州刘表的问题就出在这里。他找的人才都是经学家、作家、诗人、画家，他眼皮下的诸葛亮、庞统、徐庶这样一流的战略家，他却一个都不要。在一个国家和地区需要发展的时候，你不要战略家、军事家，而要文学家，你能成功吗？所以，刘表的地盘最终被曹操、刘备、孙权瓜分了。

五

清代诗人赵翼有两句诗，"江山代有才人出，各领风骚数百年"，可以用来比喻时下文人发展的态势。"江山代有才人出"，不是指新作家取代老作家，而是企业家"取代"文学家，商人"取代"文人。作为作家，首先要肯定这种"取代"，其次，我们还是要有自信。三国时期的人才固然偏重于政治家、军事家和谋略家，不是还出了以"三曹"为代表的建安文学吗？辛亥革命后的中国同样是以政治家与军事家为主的人才的舞台，但不是还出了鲁迅、郭沫若与郁达夫这样的大文学家吗？人才是和时代的发展紧密相连的，从文人的变迁也可以看出时代发展的轨迹。在任何一个时代，知识分子都想建功立业。但在什么领域里建功立业，固然有个人的爱好，主要还是看时代的需要。在今天来讲，当一个企业家比当一个作家更有利于自己的发展，因为社会给企业家的机遇更大。这就是我说的有中等智慧可以做成功的商人，有上等的智慧才能做一个成功的文人。

经商对我人生最大的改变是什么呢？如果归于一点，那就是我没有放弃文人的道德自律，但放弃了自恋。我知道怎样和社会对话，怎样顺应时代的潮流；我知道一个知识分子在今天应该如何发挥自己的作用，应该采取一种什么样的生活方式。怨天尤人是没有用的。去年，我参加一个会议，文化组讨论时，画家说湖北没有书画市场，画作卖不出去；刊物主编说办刊物，省里给钱太少，扶持力度不大……每一个人都在发牢骚。我知道，他们的牢骚都是货真价实的，但都还没有走出计划经济体制下的文人思维，没有在社会多重视角下看待自己所从事的工作，没有找到对策和出路。我一直没有讲话，后来召集人要我讲一讲，我说："大家说省里对文化的重视程度不够，只提了两句，几个字，但我认为，其实不提也可以。"大家听后一愣。我说："我们现在提出文化复兴，恢复到唐朝的水平，可唐太宗文集里没有谈文化问题，谈的全部是政治问题。文人从事自己的事业，为什么要靠政府？你们为什么不能自己解救自己，发展自己的产业？"文人总是愿意把自己当作藤，没有想到自己怎样成为一棵树。没有凤凰会栖在藤上，它只会歇在树上。不要把自己的幸福寄托在别人身上。我讲的话，文人听了不是很高兴，但听后又觉得有道理。我曾经写过一首诗，结尾是这样的："借别人的翅膀飞行，总是不安全的。"我在做商人的时候，就提醒自己，得自己长出翅膀来，自己给自己当天使。

今天，在我气定神闲写自己作品的时候，我不是为生计而写作，而是为爱好而写作，说得大一点，是为理想而写作。我经商的经历，使我跨过了为生计写作的阶段。有人跟我讲，说我是典型的儒商。我说："你说错了，我不是儒商，我是商儒。"这有什么不同？儒商是把他学到的知识用来经商赚钱，商儒是把经商赚取的钱用来实现自己的文学抱负和理想。我也希望同学们能当儒商的，就当儒商，能当商儒的，就当商儒。

2007年4月30日

在成都电子科技大学的演讲

位姓王的中学老师说："她是我们村的，她这是又去告状了！"我问："她告什么状呢？"王老师说："她的丈夫被大队民兵连的连长打死了，有冤申不了。"我说："怎么回事呢？为什么申不了呢？"王老师就给我详细讲述了整件事情。

三年前的一个冬天，农妇的丈夫在修水库的工地上，一个多月没有回家了。有一天，他请了一天假回家拿咸菜。回家后，他看到家里什么都没有，连柴都没有一根。老婆带着两个孩子，日子过得很艰难。他于是上山帮他们砍柴，又把家里收拾了一下，结果就晚了一天回到工地。按道理说，这不应该有什么大问题。可是在那个年代，这却是一个非常大的事件。县里集中数万民工修水库，由于太苦太累，民工逃跑的事件时有发生。为制止这类事件，各个大队经常会抓一些典型来批斗，这叫"杀鸡给猴看"。因此，这位民工一回到工地，就被民兵连长关起来，进行了批斗。这位民工觉得心里很憋屈，一个多月没有回家，家里连烧的柴都没有了，我只是去砍了一些柴，怎么就成了阶级敌人了呢？他想不通，就在批斗会上和民兵连长争辩了几句。民兵连长就说："你还狡辩，你就是反革命！"说着就把他吊起来打，打着打着，他没有声音了，放下来时，已经断气了。人虽然死了，可民兵连长一点都不恐慌，他反咬一口，说这位民工"抗拒批斗，畏罪自杀"，通知他家里来把尸首拉回去。这个悲剧发生在

1976年的冬天，"四人帮"刚刚被粉碎，但拨乱反正还没有开始。那位农妇在当时可以说是叫天天不应，叫地地不灵。两年后，党中央开始拨乱反正，农妇看到了希望，便开始为死去的丈夫申冤。但是，她从公社告到区里，又从区里告到县里，都没有一个人搭理她。她后来又给地区、省里的领导写信。她花五分钱买一张白纸，回到家裁成十六张，然后让她上小学一年级的孩子歪歪扭扭地写上她丈夫的冤情，再用一个鸡蛋换了邮票，把信寄到地区、省里。可是这些信又一封封地被打回乡里，乡里又打回大队。大队干部幸灾乐祸地说："看，信又回来了吧，你再告，就把你一家人的口粮都停下。"但不管大队干部怎么威胁，农妇仍锲而不舍、三年如一日地为丈夫鸣冤。

这位农妇不到四十岁，可是却像一个老太婆，头发干枯。那天，我心情本来很好，但那位农妇的眼神把我带进了严寒的冬季。我觉得好像是我对这个农妇犯了罪，我对王老师说："今天晚上，你带我到她家去。"晚上，我们去了两次，那个农妇都还没有回来。后来，我才知道从她家到区委会有二十五里山路，她在区委会坐到天色黑尽，没有一个人理她，她连一口水都没有喝，又走了回来。见到她时已经是深夜了，王老师喊住她，说："这是县里来的同志，他特意来看你的。"那时天太黑了，我看不清她的样子，只看得到她的轮廓，但我觉得她的嘴角轻轻抿了一下，我想，那是她给我的一个微笑，但那肯定是一个非常悲惨的微笑。我们进到她家，里面没有灯，虽然有用墨水瓶做的煤油灯，但没有煤油。她点了一片松明。借着这微弱的光亮，我看清了她。也是在这微弱的光亮中，她静静地把她丈夫的冤情跟我讲了一遍。离开她家回到王老师家里的时候，我说："王老师，今天要浪费您一点煤油，我想写诗。"他说："你不睡觉？"我说："不睡，我要写诗！"就这样，我写出了平生最令我激动的一首长诗，就是那一首获奖的《请举起森林一般的手，制止！》。在那偏僻的山村，我彻夜未眠，到天麻麻亮的时候才写完了——两百多行诗几乎是一挥而就。早晨在王老师家吃完早饭，我也是用他家五分钱一张的纸裁成的十六开大的纸，把诗抄了一遍。然后，下山到了农妇去告状的那个镇上，贴了八分钱的邮票，把它投给了《长江文艺》。

这首诗到了《长江文艺》编辑部之后，在编辑部主任欣秋同志和诗歌编辑刘益善同志的推荐下，被送到了当时省文联党组书记骆文同志的手上。骆文同志看到诗稿之后，让欣秋同志通知我到武汉。详细听了我的这首诗的创作经过后，骆文同志立即表态说："这是一首好诗，我们立即发表，但你也要有心理准备，反对派可能会批判你。"就这样，这首诗在1980年元月号头条发表，占了整整四个版面。之后，《人民日报》、《新华文摘》、中央人民广播电台等全国有影响的报刊电台几乎都发表或播送了这首诗。后来，这首诗又很快被翻译成英文、法文等传播海外。这一首诗总共就两百三十多行，可评论却有二十多万字。许多我很敬仰的评论家、作家都写了支持文章。当时的省委书记陈丕显亲自接见了我，他说："我们很欣赏你的勇气。"当然，批判我的也不少，甚至有很强大的势力。陈丕显书记就指示骆文，让他把我从县上调到省里，给我创造更好的写作和学习条件，要我更加努力地写作。就这样，我二十七岁就得了全国首届中青年优秀新诗奖，也当上了专业作家。

二

1981年的初夏，我正坐在前往北京领奖的火车上。那时候的火车开得很慢，从武汉到北京要十八个小时。夜深了，车厢里的人都睡觉了，我却毫无睡意。我一直静静地坐到天亮，待看着窗外出现一片葱绿的原野时，我的心情非常激动。我在车上写了一首诗，《乡村之歌》，后来也在《长江文艺》发表了。在这首诗里，我感到我和百废待兴的祖国融为了一体。我突然感到我选择的文学道路让我整个的生命升华了，我的选择没有错。同时，我也感觉到我对作家的责任从过去的茫然到现在的自觉，这个过程的完成，是时代所赐。

以上所讲的是我的文学经历，是想让同学们了解，我是怎么成为一名作家的。现在，我要讲第二部分，即"文学的土壤"。古话说，一方水土养一方人。一方水土也养一方作家。像岭南作家秦牧、陈残云等等，在他们的笔下，整个岭南的风物显得非常迷人，非常可爱。我最早喜欢岭南这片土地，就是因为这些作家的作品。再往前推一点，清代的屈大均写的岭南风物，让我们知道了更多的古典南粤。所以，作家的成就往往会取决于他所占据的文学的土壤。换句话说，什么样的土壤培育什么样的作家。

世界上的古老国家几乎都是文学的国度：印度、中国、俄罗斯、法国、英国，还有波兰。在这样一些历史悠久的国家里，我们会看到一些文学大师的身影，他们塑造了大国的文化风范。如果缺失文学艺术，大国就是不健全的大国。泱泱大国的民情风俗必定是培植文学大师的沃土。俄罗斯之所以有托尔斯泰，法国之所以有雨果，就是因为它们的土地上有营养，无论是它们的阳光，还是它们的雨露，或是它们的民族物质、民族精神，都可以成为作家成长的营养。中国历来是文学大国，我们的四书五经中，有一经是《诗经》，这是文学史上最早的选本。它让我们理解了这一片土地，理解了这片土地上人民的感情。所以孔夫子说："小子何莫学夫《诗》？《诗》，可以兴，可以观，可以群，可以怨。"兴、观、群、怨，孔子把整个文学认知的功能阐述得非常清楚。历史上那些文学大家，屈原、李白、杜甫、苏东坡、陆游、辛弃疾、罗贯中、曹雪芹……因为他们，中国的大地上多了很多人文的风景。我们游览杭州，在西湖上，不但可以看到白居易修筑的白堤，还可以看到苏东坡倡议修筑的苏堤。在四川，因为陈子昂的《登幽州台歌》，多少游人至今还要专程去看那座幽州台。在江西赣州，因为辛弃疾的一首诗，郁孤山声名鹊起，千年不衰。这样的例子太多太多，不用我一一细举。

我们古代的作家，几乎都是社会的公众人物。他们的喜怒哀乐，他们的行为举止，都能引起社会极大的关注。中国历代的人民，都喜欢作家。在我们国家里，文学作为民族的基因而存在。今天，我们社会上虽然追求金钱的人不少，但是我认为，这种轻文重利的现象最终会改变。因为在我们中国，文学的土壤真是太肥沃了。这是我们作家值得骄傲的一方土地。除了骄傲，我们的作家还要理解这片土地，要承受旁人所不能承受的苦难，要由此生发思考与忧患。试想一下，曹雪芹如果没有从幸福的顶峰跌到地狱这样一种经历，他怎么写得出《红楼梦》来？被迫在清朝当贰臣的吴梅村以及入清之后装疯卖傻的八大山人，如果没有经历家国俱毁的哀恸，又怎么可能创作出令人心酸的诗画来？这样的例子太多了。我曾经到过浙江的天台山，那里的国清寺中有一尊寒山的塑像。寒山生活在唐代的末年，他先是科举屡试不中，后又经历战乱，在陕西老家实在混不下去，只有当和尚才有饭吃。没有办法，他走上了一条离家的"不归路"，跑到天台山，在天台山上与风霜雨雪为伴，在庙里与鸟语花香为伍。他住在山洞里面，在树皮上写诗，成为中国伟大的诗僧之一。寒山生存的方式，用我们俗世的观点来看，不会带来一天快乐。可是在寒山看来，我们世人没有一天是快乐的，而他自己很快乐。他的生活给他很多启示。当他用自己的方式、自己的语言表述自己的生活的时候，你会感到特别动人。

　　我与同学们讲文学，那什么是文学呢？人人心中皆有，人人笔下皆无，这样一种境界这样一种感受，便是很好的。经历过从南宋到元朝的作家，是把整个人世的风霜化为灿烂的文章。这一时期的作家，文学境界只有一个字：苦！所以说，每一时期的作家都有着特定的文学的印记。郭沫若老先生到了杜甫草堂，为杜甫写下了一副对联，可以说明文学与人生的关系："世上疮痍，诗中圣哲；民间疾苦，笔底波澜。"中国自《诗经》以来的整个文学，都可以为郭老这副对联下一个注脚，但是这只是文学的一部分。诗还可以分为"风、雅、颂"三种："风"就是我刚才说的风俗、民情、民间的声音；"雅"是士大夫心灵的歌唱；"颂"是帝王创造历史的赞歌。"雅"的这一部分起自老庄的哲学。中国文化精致发展，文学也是灿烂辉煌。不管是民间的疾苦还是帝王的奢侈，在作家那里，都可以掀起笔底的波澜。南唐的李后主，当了赵宋的俘虏，写下"最是仓皇辞庙日，两行清泪对宫娥"这十四个字，可谓道尽了人间的辛酸。一个国家被他玩完了，换回这么精辟的两句诗。所以说，雅到极致，让我们看到了历史的痛苦，也看到了民族的心酸。由此可见，不但"风"，就是"雅"，也让人看到了人世的沧桑。"颂"就是歌颂历代帝王。说老实话，这一类的作品好的不多。一本《古文观止》，"颂"的地方非常少。今天，我倒是愿意写赞颂的文章了，赞颂谁呢？我有一个标准，凡是有功于社稷、造福于人民的社会精英，不管是历史中的，还是现实中的，都可以成为我们讴歌的圣贤或者英雄。

2006年4月21日

在暨南大学的演讲

史实精神与当代意识

2001年，我作为中国作家代表团成员访问印度的时候，遇到一件很小的事，但当时对我有很大的启发，引起了我的思考。印度的朋友们招待我们看印度的历史题材电影《阿育王》，我们几位中国作家对这部电影表示了极高的赞赏。第二天和印度的作家以及学者同行们说到这件事的时候，他们表现得和我们完全不一样。他们说，这是给你们外国人看的，这不是我们真正的阿育王，这是美国好莱坞电影的表现模式，它为迎合美国观众的口味而篡改了历史。可见，懂不懂这一段历史成为我们是否欣赏这部电影的分界线。

因为这件事，我就想到一个作家的责任。我们这个民族和国家的历史应该用一种什么样的文学观与历史观进行准确的表现呢？让自己的历史文学作品真正地反映自己民族的精神特质，要求一个历史小说家首先是历史学者。当这个观点确立之后，第二个问题便出现了：我们应该当一个什么样的历史学者呢？我认为有三点必须做到：第一是有史实，第二是有史鉴，第三是有史胆。

历史知识，叫史实。一个作家选取某一段历史来作为自己描写对象的时候，他一定要认真地研究这一段历史，包括它的人物、它的文化、它的风土人情、它的典章制度，事无巨细，所有的问题都要进行认真研究。这个过程比写作的过程要难得多。所以我研究张居正时的历史，整整花了五年的时间，做了大量的笔记，走了很多地方。

我讲一个例子，万历一条鞭法启动时，首先是丈量田亩，当时丈量田亩的原始文件的格式是什么样的呢？我在查阅了大量的资料后，发现陕西历史博物馆里面有一份当时的地契。我为了这一份原件，专程赶到西安去拍摄研究。

我在《张居正》第二卷一开头写到了北京的白云观，我把白云观的历史资料全部都看了。但仅凭资料写作是不够的，还得实地踏勘。于是我早上坐火车到北京，一出火车站，就叫了一辆出租车直奔白云观。我按图索骥，拿着明代的、元代的白云观的图来看今天的白云观，看哪些地方改了，哪些地方错了。看完以后，一一校正，一一做笔记，晚上又坐火车回到武汉。之前写白云观这一章，我开了七八次头，都没有开好。为什么呢？我是仅凭史料在写，等我去过现场以后，写起来就非常顺了。大家如果有时间，可以看看《张居正》第二卷第一节写的白云观，那就活灵活现地展现了明代白云观的风貌。类似于这样的一些事情，你要很仔细地去考证它。这种考证的工作，一些作家可能不屑于去做，那么他在还原历史真实的时候，就会显得底气不足。关于典章制度、建制等的考证工作，还容易一点，最难的是对时代心理、文化特质的把握，这个非常困难。

我在书里面写到了一个人物叫玉娘。这个小姑娘当时十七岁，被一位江湖大侠精心培养后，送给了张居正的前任首辅高拱。今天大家可能会说这多么腐败，这不是高尚的情操。这样一种文化心态是今天的，而不是明代的。给高拱送姑娘，是有一个前提的。高拱那一年六十岁，娶过两个老婆，都没有给他生儿子，他只有两个姑娘。在明代，忠孝思想非常浓厚，孝是非常重要的，而传宗接代是孝的核心内容，就是你必须有儿子承继你这个家族的香火。不孝有三，无后为大嘛。这样一来，他的朋友们就要去给他置办小妾，为的是让他传宗接代生儿子。由此来说，小说表现的是明代的价值观。明代的观念和今天的是不一样的。在明代，人们不会把男女作风问题作为攻击别人的手段和理由，这就是文化的真实。

典章制度的真实、风土人情的真实还比较容易做到，文化上的真实是很难做到的。一个是形而下的，一个是形而上的。我们研究精神文化遗产，也就是非物质文化遗产，就一定要研究文化。以上就是我说的第一个问题，史实。

第二个问题，史鉴，就是以史为鉴。我认为任何一个历史小说家，都不会无缘无故地选取一段历史、一个人物去写，他一定有自己的创作动机，他要为当下的生活提供一个思考的空间。历史小说家的情怀就在于他深切地关注当下，通过对历史的某一段生活的再现，给今天的人打开一个新的思想的空间。其对历史某一个特别事件的批判、分析，对某一个人物的赞扬或者批评，一定是带有浓厚的主观思想的。

大家都知道吴晗先生写的《海瑞罢官》。吴晗先生对海瑞的定位是带有他的主观意识的：清官好，清官就是不腐败。在研究这段历史的时候，我特别关注到海瑞这个人物。我得出来的结论和吴晗先生的不完全一致。为什么呢？海瑞是一个清官，这是可以肯定的，但海瑞不是一个好官。张居正上台的头三个月，曾经借皇帝的手发了一道诏令，就是命令全国副省级以上的，就是三品以上的高级官员向朝廷推荐一至三名可以擢用的人才。当所有推荐人才的表在吏部汇总的时候，得票最多的是海瑞。这时候，海瑞已经是第二次被罢官了。第一次是嘉靖皇帝罢他的官，第二次是隆庆皇帝罢了他的官。现在嘉靖皇帝的孙子万历皇帝在位，又有这么多人推举他，吏部尚书杨博便跑来找张居正商量，问海瑞这个事情怎么办。

张居正说了一段话，这段话就是属于史鉴的内容。张居正说，我不打算用他。张居正认为，清廉、清正是好官的内容之一，但不是全部。好官必须让老百姓得到实惠，让朝廷放心。他说海瑞在执掌一方大权的时候，地方财税急剧减少，他是真正的理想型的劫富济贫，而不是发展生产力。在他管理南直隶的时候，富人都纷纷把户口转到隔壁的松江，为什么呢？怕他。他太理想主义了。张居正说，我现在如果重用他，势必要让他当封疆大吏，这样，一方百姓的幸福指数恐怕就会降低，而国家的财税恐怕就会流失。如果安排他一个闲职，别人又会骂我张居正不重用清官，如此之下，我倒是觉得干脆让他在家待着，保住他的清名更好。

我在我的小说里对这样一件事情做出了我自己的评判与分析，没有附和吴晗先生的观点。我的观念来自我对这段历史的研究。我看了不少与海瑞、张居正同时的名人的笔记文章，最有力的一个证据来自李贽。李贽是晚明的思想家，他跟海瑞、张居正是同时代人。李贽对这两个人的评价是：张居正是千古宰相，国家栋梁；海瑞是万年青草。青草是非常好看的，也是非常圣洁的，但绝对当不了栋梁。李贽作为一个狂人，当时就有这种评价，可以说是很有见地的。总的来说，《海瑞罢官》这部戏剧影响很大，我并不是有意和吴晗先生唱反调，而是凭借自己独立的评判和思考得出了不同的结论，这就是史鉴。

第三个问题，史胆，一个作家对某一个人物做出自己的判断，不从流俗，不阿附权贵，这就是史胆。我在写《张居正》的时候，提炼了一些概念，比如循吏和清流。清流就是坐而论道，你让他具体去干任何一件事，他都办不成，但说起来头头是道。循吏是什么人呢？就是小平同志说的，不管白猫黑猫，逮住老鼠就是好猫。他可能在有些问题上，首先不做道德上的判断，而是想着该怎么做成。我知道这一种观点，可能会同一些哲学家、文化人的观念有冲突。但是从历史上看，清流误国的事不少，北宋的王安石改革之所以失败，就因为他过于清流，缺乏政治家的变通。

我们不要住在某一个观念里面，佛家的说法叫"勿执"。比如说我要保持我的崇高，但一个人一味地崇高，做好人可以，做政治家不行，做企业家不行，做文学家也不行。做好人，一辈子做好人，可能成就不了伟大的事业。我在写清流与循吏的时候，写的最大的冲突就是发生在万历五年（1577）的夺情事件。按明朝规定，父母去世，官员一律要免职，回家守孝三年。如果皇帝要留他继续做官，就叫夺情。张居正的父亲去世，万历皇帝不让他回家守孝，要留他在朝廷里面继续从政，执掌朝纲。此时的万历新政初见成效，张居正若离开，必然会人亡政息，所以权衡之下，张居正也愿意留下。试想一下，改革正在攻坚阶段，怎能撂挑子回家去蹲茅棚三年？万历皇帝不敢冒这个风险，张居正自己也不肯冒这个风险。

　　但是，当时朝廷中的清流官员对张居正的夺情不予支持，还对此大加挞伐，指责张居正贪恋禄位，不肯守孝。一时间，朝廷内外豪强外戚与清流官员结为联盟，形成声势浩大的驱张运动。在这种局势下，张居正断然使出霹雳手段，把反对他的清流，全部施以重刑或流放。改革是要付出代价的，这个代价牵扯到人的时候，某一个人可能就是悲剧。但是不能因为一个人的悲剧，而阻碍整个改革事业。万历五年（1577）到万历八年（1580）这三年，张居正如果回去守孝，改革肯定就失败了。而恰恰就是在这三年，改革取得了辉煌的成就，奠定了万历时期的吏治与财政的基础。

　　我自己是个知识分子，也是清流，但我并没有把我个人的爱好、个人的感情带到历史小说中。我通过冷静的分析，认为清流的坐而论道是没有办法推进改革的。这就是我说的第一个问题，历史小说家首先应该是历史学者。

　　再说历史小说题材的选择。《张居正》获奖的时候，有记者问我，你为什么要选择张居正来写？刚才王鲁湘先生也这样问我。我说，我永远要选取历史上积极的健康的一面，来重塑我们这个民族的精神。任何一个作家都有他自己信奉的历史观，任何一个国家的历史都有它辉煌的一面、阴暗的一面、健康的一面、晦涩的一面。一个负责任的作家，绝不会恶意地把我们民族过去的那些脓疮挑出来给读者看，而是会将我们这个民族当中一些闪亮的记忆展示给读者。我们可以写黑暗，但纯粹展览脓疮无疑是病态的表现。这是一个作家对自己民族的感情问题、立场问题。这也是我写历史小说的第一个基本点。

再一个问题就是不能戏说历史，更不能将历史人物脸谱化、漫画化。由此我想到前几年的历史题材影视剧中，帝王将相泛滥，可是多半是漫画化的、脸谱化的。我认为产生这种现象的原因，第一是作家的创作心态还不是很成熟。第二是作家对他所写的这段历史缺乏敬畏感。历史小说家首先要对历史有敬畏，你不要说人都死了，已经过去几百年了，你就可以为所欲为。我也是到了四十五岁以后才知道手中笔的轻重的。

对历史人物的褒贬一定要有历史根据，这不是你个人情感的宣泄。历史小说的真实问题，千百年来都有人在争论。历史小说的真实也没有一个客观的、大家可以遵照执行的标准，全在于一个作家自己的把握。

在座的都知道，《三国演义》是中国历史小说的典范，但你要是完全按历史真实去衡量它，你会找到很多硬伤。火烧博望坡那一章的场景是深山密林，像太行山一样的，真实的博望坡却是一马平川的平原。罗贯中先生显然没有到过博望坡。还有长坂坡大战、华容古道里面的描写与真实的地理情况都完全不一样。这是因为古代交通不发达，不能像我们今天这样朝发夕至到任何地方，古人只能凭空想象。但是，为什么大家还是认为《三国演义》好看和真实呢？就是他生活在明代，提炼的世界观、历史观是准确的。

明代以忠孝立国，朱元璋从元代接过政权以后，讲究政权的合法性，他要证明自己是正统。《三国演义》正是从忠孝出发，以正统为纲，正面歌颂了刘玄德。这是根据明代当时的文化形态而定下的主题。忠孝是明代贯彻始终的一项基本国策，因此罗贯中要塑造诸葛亮、关羽的文忠与武忠。这是明代提供的世界观。没有一个作家可以无视自己所处时代的精神，而去写一个完全不沾边的历史小说。当下的情况是，写历史作品，难免脸谱化、扁平化。这又违反了文学与历史双重审美的标准。一个作家既要看到当下的时代精神，又要看到你描写对象的文化质感。

最后一个问题就是，应该从历史宝库中开掘时代精神，为读者提供思考的空间，但不能借古讽今，做不负责任的比附与调侃。什么叫时代精神？我再举一个例子，嘉靖皇帝是明代所有皇帝中最信道教的，他大规模地拆毁寺庙，命令僧尼还俗。当时吴承恩在蕲王府当书记，就是给蕲王当秘书。而那个时候的鄂东黄冈，也就是我老家，是为中国道教提供精神和技术支持的一个重地。最受嘉靖皇帝信任的道士陶仲文，就是黄冈人，最后当了礼部尚书这么大的官。吴承恩住在蕲春，受到了时代的感染，写出了《西游记》。

我认为，《西游记》的主题跟我们今天的文艺批评家们给予它的主题思想是不一样的。吴承恩迎合了嘉靖皇帝的思想，他找了一个故事，把帝王的思想装进去。但吴承恩的文学修养非常高，他让这么一部作品成了四大名著之一。所以我们现在不要一味地说写什么作品不好，关键在于你的文学修养、你的史学修养到了什么地步，你怎么理解和处理你要写的人和事。

我有一次接受一个记者的采访，他说："熊先生，你是一个诗人，你怎么会改行写历史小说呢？"我调侃道："我是诗人，我喜欢诗，我也喜欢历史，把诗和历史结合起来，就叫史诗，我愿意写史诗性的作品，尽管达不到，但我不能不追求。"这虽然是玩笑话，却也是我的内心话。

谢谢大家听我的演讲。

附：与王鲁湘的对话、回答听众提问

王鲁湘：谢谢熊先生睿智同时也是充满激情的演讲。刚才我特别注意到，熊先生说，他在读历史的时候，提炼出两个概念，其实也不是提炼，是抓到两个概念，一个是循吏，一个是清流。在过去，我们中国一直是道德立国这样一种文化，这种文化很自然地让我们对很多问题的评价，是从道德出发的。我们读历史的时候也常常这样，如果以这样一种观点来看历史，那么历史上所有的清流，都会放在正传里头，对不对？但是我们会发现，历史也好，现实也好，其实大部分是由循吏在主导的。所以给循吏一个什么样的历史评价，怎么正确地认识清流，也成为我们新时期以来，历史小说家，甚至是所有的小说家都不能回避的一个问题。

熊召政：简单地说，循吏就是干事的。小平同志说，不管白猫黑猫，抓住老鼠就是好猫。这不是从道德出发，这是从事功出发说的。但是你真的这样去做，往往又得不到好的评价。我想到永乐皇帝朱棣，这个人很粗暴，但是他提了一个观点，就在一个领导班子里面，要小人和君子并存，这是政治。小人是君子的天敌，用小人来监督君子，比什么都管用。

王鲁湘：郑板桥经常画的就是竹子下面有一些荆棘，竹子是君子，荆棘是小人。君子和小人在一起，才是一个良好的生态。

熊召政：君子与小人，是人与虫子的关系。虫子总想逮住机会咬你一口，让你晚上睡不着觉，你要避免被虫子咬，这就需要你的智慧。虫子要咬到你，这也需要它的智慧。当所有的智慧都在一起较量的时候，这就是人类，这也就是官场。

王鲁湘：写历史小说最难避免的就是当下我们自己的主观立场。这个主观立场不仅有当下的时代的立场，还有当下的个人的立场。个人的立场又受到你自己当下的社会地位、当下的遭遇、各种各样的人生阅历的影响。因此人们很难对历史保持一种平和的、敬畏的甚至宽容的心态。

所以我们中国很多的历史小说，都走了借古讽今这一条路子。可是您认为，一个历史小说家必须摒弃这样一种酸态，客观地、充满敬畏和宽容地还原一个历史的语境，然后以古鉴今。我挑出历史中的这一段来，这是我的主观选择，但是我并不在这中间做我个人的小文章，是吧？

熊召政：你完全理解了我的心态，我就是这样做的。而且你说出的"酸态"这个词，虽然尖刻一点，但正是我刚才在演讲中没有说出来的。酸是我们的一大敌人，酸是把自己看作世界的中心，以我为中心画圆圈。历史一定要有客观的东西，不能偏激。我刚才说过，古人不能从棺材里面站起来反驳你，但是你的心里一定要觉得，我无愧于他。

听众：您好，熊老师，我注意到刚才您在演讲中间提到了吴承恩的《西游记》，我想问一下，您对电影《大话西游》有什么评价？

熊召政：我没有看这部电影，我没有发言权。我还就《西游记》这部小说说几句题外话吧。一个作家没有办法超越他所处的时代，而且作家也没必要超越他所处的时代。你看托尔斯泰没有超越他生活的俄罗斯的那个时代，我们所有的作家，包括罗贯中、吴承恩都没有超越他们所处的时代。作家在写《大话西游》的时候，时代给了他什么启示呢？我想这是比较重要的。

听众：您好，熊先生，您在刚才的演讲中，说您的历史作品是要把历史，要把我们民族光辉、光鲜的一面展现给今天的人。同时，您说，作为一个历史学者，作为一个历史小说家，要具有史实、史鉴、史胆。我是一名历史专业的学生，我想问一下，一个民族在特定阶段，它是有脓疮，有阵痛的，对于我们民族曾经有过，甚至现在还没有消失的脓疮，您是怎样用史实、史鉴、史胆去看待它的呢？

熊召政：我说我把积极健康的那一面展现给读者，并不是说我的小说没有批判意识。在《张居正》里，我充分展现了万历时期官场的黑暗与腐败。关键是你对这些丑恶的态度，你是欣赏它，不负责任地把它和盘托出，让读者像吞砒霜一样去消化它，还是保持清醒的批判意识，把它表现出来？历史上最黑暗的时候也有光亮，最光明的时候也有黑暗。作家一定要把分寸把握好。

听众：熊老师，您好，我是凤凰网的网友，想问您一个问题，我们知道您的小说《张居正》从问世以来，受到的批评很少，作为历史小说，这很难得。有人认为，小说中的历史观受到了儒家的影响，有尤斯纳尔和卡尔维诺式的浑厚想象。您怎么看待这种评价？

熊召政：我并不否认我受儒家正统思想的影响，因为我偏好中国的传统文化，它们丰富了我的世界观。大丈夫达则兼济天下，穷则独善其身，仁者乐山，智者乐水，民为重，君为轻，所有这些思想都是我自己的思想的基石。

而对于世界上崭新的潮流以及活跃的思想，我也关注。如果能用一种最新的思想成果来处理我们中国古代的历史，可能会有一种混合的效果。遗憾的是我还做不到。我在《张居正》中展现的观点是：儒者从来做帝师。我们历代的帝王师都是用儒家的学说去影响皇帝，让他走上一条治国的健康途径的。用今天的眼光看，儒家思想的确有一些不足和欠缺，但这种文化也的确是我们这个民族赖以生存、繁衍，一次一次在困境中重新崛起的精神资源。所以在经过反复思考之后，我还是决定用儒家思想写出这部书来。

王鲁湘：思古源于辅今，优秀的历史文学总是以自己特有的方式参与当下文化的重建，同时历史小说凝练出来的启示、智慧，往往更能够沉淀下来，更能够成为一种文化的元素。我们期待更多的作家为读者奉献出更多的优秀的历史题材的作品。

2009年7月25日

在凤凰卫视《世纪大讲堂》的演讲

关于辛亥革命的几点思考

一

去年，因为想写一部反映辛亥革命的电影，从春节开始，我就阅读了大量与辛亥革命相关的史料以及研究这一段历史的著作。此前，对辛亥革命，我只有一些感性的认识，直到去年接触了更多史料，学习了海内外一些学者的研究成果之后，我才产生了一些理性的思考。

记得读完金冲及与胡绳武两位先生合著的《辛亥革命史稿》之后，我感慨良多，写了一首七绝：

万里哀歌岂奈何，乱云深处哭铜驼。

以身酬国书生事，一掷头颅涕泪多。

以身酬国，是中国知识分子的优良传统。从黄花岗烈士冢中那些长眠的忠骨，到蹈海而死的陈天华，引颈就义的徐锡麟、秋瑾等等，我们看到了他们身上存有的谭嗣同"我自横刀向天笑，去留肝胆两昆仑"的凛然正气。但天下的书生都变成了慷慨赴死的英雄，这绝不是时代的进步，而是民族的灾难、国家的悲剧。

说到这里，我禁不住要问一句：究竟是谁把这些书生改造成英雄的呢？腐朽无能的清政府当然难辞其咎。但是，更大的罪人，制造中华民族历史上最黑暗一页的，是一直觊觎中国的丰富资源并企图瓜分中国的西方列强。

二

众所周知，从清代中叶开始，欧洲资本主义进入全盛的发展时期，为了掠夺资源与开拓海外市场，以西班牙、葡萄牙与英国为代表的西方列强纷纷来到了中国。

西方列强对中国的侵略，最早可以追溯到16世纪的第一个十年。那时的中国，处于明朝的第十一个皇帝正德皇帝统治时期。正德皇帝是一个"超级玩家"，如果在今天，他一定是娱乐界的宠儿，但是，作为一个泱泱大国的统治者，他显然是不合格的。在他统治的第十二年，即1517年，八艘带有武器的葡萄牙船进入珠江口，向岸上的明军要塞开炮示威。这是西方列强入侵中国的第一炮。但是，这一炮并没有引起正德皇帝的警惕。当葡萄牙的海盗在广东开炮的时候，正德皇帝正在山西大同。他以视察西北的军事为名到了那里，但他并没有认真地处理军事要务，而是命令手下到处搜刮民间的美女，带到他的行宫里，供他寻欢作乐。

自从秦朝统一中国，特别是汉朝之后，中国历代的统治者都把注意力集中在西北和东北。这是因为，这两处有众多少数民族，诸如匈奴、回纥、东胡、鲜卑、契丹、女真等等，他们凭借铁骑，屡屡给中原的政权造成极大的威胁。唐宋两代的边塞诗词，在灿烂的中国古代文学中独树一帜，如唐诗中的"愿将腰下剑，直为斩楼兰"，宋词中的"西北望，射天狼"，等等，都是在描写朝廷官军在与西北少数民族的战争中的英雄情怀。

但是，16世纪以后，葡萄牙人与西班牙人的航海技术得到空前的发展，凭借坚船利炮，他们可以通过浩瀚的海洋到达世界上任何一个地方。此情之下，虽然马背上的民族仍然是一个威胁，但是轮船上的海盗显示出的更大的贪婪更应让我们警惕。可惜中国当时的统治者们，并没有看到这一个形势的变化。他们所掌握的极其有限的科技知识与其狭隘的视野，使他们丧失了处理这一危机的最佳时间。

马克思曾在《资本论》中引用专门研究基督教的学者威廉·豪伊特的话："所谓的基督教人种在世界各地对他们所能奴役的一切民族所采取的野蛮和残酷的暴行，是世界历史上任何时期、任何野蛮愚昧和残暴无耻的人种都无法比拟的。"1840年鸦片战争前后的中国历史，完全可以证明威廉·豪伊特的这个论断。

中国地大物博，既是资源的富集区也是巨大的消费市场，西方逐利的资本对这一片东方大陆怎能不垂涎三尺？开始，他们也试图以贸易的武器来占领中国的市场。但是，这一招并没有奏效。中国自给自足的经济，导致巨大的贸易顺差的产生。此后，以英国为主的西方列强发现，鸦片是保证他们赚取中国白银的最好的商品。诚如胡绳先生在《从鸦片战争到五四运动》一书中所指出的那样："中国这样一个人口众多的大国，如果吸毒成风，就会成为鸦片的广大市场。因此，不顾中国官方的禁令，非法地大规模地向中国推销鸦片成为英国商人追逐高额利润，并改变对中国贸易逆差的重要手段。"

西方列强利用鸦片赚走了中国大量的白银，导致中国的经济状况迅速恶化。鸦片战争以后，西方列强对中国的经济压榨与掠夺已到了肆无忌惮的地步。中国的铁路、矿山、纺织等工业几乎全部被他们控制了。英国人赫德更是掌握中国海关长达五十年之久。《马关条约》《天津条约》《尼布楚条约》等一批丧权辱国的条约相继签订，数额巨大的战争赔款也使清朝财政陷入崩溃境地。有着五千年文化，曾经长期雄踞东方、睥睨天下的东方帝国竟沦落为西方列强的殖民地与半殖民地，实乃秦始皇统一中国两千余年以来中华民族最大的耻辱与创痛。此情之下，辛亥革命的爆发绝不会让世人感到突兀。一百年后，我们重读陈天华的《猛回头》与《警世钟》，仍能感受到当时革命志士的无以复加的愤怒。

三

说到这里，我不得不用崇敬的心情来记述伟大的民主革命的先行者孙中山先生说过的一段话。1897年，孙中山在英国伦敦《双周论坛》上发表了一篇题为《中国的现在和未来》的文章。其中有这样一段：

> 不完全打倒目前极其腐败的统治而建立一个贤良政府，由道地的中国人（一开始用欧洲人作顾问并在几年内取得欧洲人行政上的援助）来建立起纯洁的政治，那么，实现任何改进就完全不可能的。仅仅只是铁路，或是任何这类欧洲物质文明的应用品的输入（就是这种输入如那些相信李鸿章的人所想象的那样可行的话），就会使得事情越来越坏。因为这就为勒索、诈骗、盗用公款开辟了新的方便的门路。当我引用过去这样腐败的具体事件作为例子，并根据我个人的知识和经验，为了揭发这种骇人听闻的、几乎难以置

信的事情的本质，用一些也许会引起人厌倦的详
情细节来写出中国大众和官场的生活的时候，才
会明白革新党的言论，对于这种情况是丝毫没有
夸张。

孙中山写这篇文章的初衷，是想让英国在他领导的革
命组织与清政府之间，保持中立。在同一篇文章中，孙
中山还说道：

> 中国人民遭到四种巨大的长久的苦难：饥
> 荒、水患、疫病、生命和财产的毫无保障。……
> 其实，中国所有一切的灾难，只有一个原因，那
> 就是普遍的又是有系统的贪污。这种贪污是产生
> 饥荒、水灾、疫病的主要原因，同时也是武装盗
> 匪常年猖獗的主要原因。

通过以上两段话，我们能看到，遭受清政府通缉，被
迫流亡海外的孙中山，急欲向英国政府及朝野间的有志之
士表明他革命的理由与立场。一个长期让人民饱受苦难的
政府，除了推翻它，难道还有别的选择吗？

在孙中山流亡海外那段时间，西方列强将大量资本注
入中国，在中国的土地上修建铁路、开采矿藏、兴办工
厂，使清政府完全丧失了对中国经济的主导权。在孙中山

看来，外国资本进入中国是解决中国资本短缺的最为有效的方法，但这必须有一个前提，即中国的政府是一个让人民放心的政府，是一个有作为、有理想的政府。否则，大量引进的资金必将为这个政府的贪污提供更为广阔的空间。

作为民主革命的思想家，孙中山虽然有一厢情愿的地方，但他心中清楚，西方列强的资本进入中国，并不是出于博爱的精神来救济和援助我们的，而是血淋淋的欺诈和侵略。在国外的演讲中，孙中山不止一次称清政府是"帝国主义的代理人"。可见他知道，清政府与西方列强之所以互相依靠，其原因是：一个要靠对方坐稳江山，一个要靠对方牟取暴利。

但是，孙中山在他的流亡生涯中，确实得到过一些西方国家的保护甚至资助。出现这种情况，西方国家的民主制度与人权保障固然起到了一些作用，但更重要的是，以英美及日本为代表的列强，是把孙中山当作一张牌，是用来与清政府讨价还价的。培养与保护一个国家的反对力量，是他们在处理国际事务时的惯用伎俩。

应该说，在1911年10月10日武昌首义之前，孙中山对这一问题并没有清楚的认识。但是，武昌首义之后，西方列强给孙中山上了一堂生动的国际关系课。

孙中山在美国丹佛听到武昌首义的消息后非常振奋，同时也想到一旦成立共和国，必然会面临外交及财政上的困难，因此他决定在回国之前，先游说欧美各国支持新生的中国政权。他认为，与中国有深厚利益关系的国家有六个：美国、英国、法国、德国、俄国和日本。他认为只要这六个国家表态支持中国的革命党人，则推翻清政府、建立一个自由民主的共和国将指日可待。但是，从1911年10月14日到11月24日，这四十天里，孙中山游走于美国、英国和法国，但他渴望见到的政要大都避而不见。他拜访一个又一个财团，希望获得贷款，以解决建国经费的燃眉之急，也一次次地遭到了拒绝。这些国家当初庇护了他，现在又抛弃了他。

1911年12月25日，孙中山结束了十六年的流亡生涯回到上海。当时，国内外各种报刊盛传他带回了大笔款项甚至购买了军舰。面对记者的提问，孙中山冷峻地回答："我一文钱也没有，带回来的只有革命精神！"

四

在论述中国古代政治生活时，我们常常以"政统"与"道统"来区分统治者与知识分子。"政统"的代表是皇帝，是行使国家权力的政要。"道统"的代表是知识分子。统治者注重的是政权的稳固，是国家与统治集团的利益。知识分子关注的是民族盛衰的规律。在一个成熟的国家里，政统是权力，是实力，道统是良心，是软实力。

我觉得，中国的"政统"与"道统"之分，显示了儒家的智慧。把这一公式套用于世界政治，也非常合用。辛亥革命前后，西方列强对中国的态度，让我们能明显看出"政统"与"道统"的背离。它们虽然是宪政国家，宣称尊重和保护自由、民主等，但它们更看重国家的利益与财富的掠夺。这就是为什么孙中山作为一个政治流亡者能够得到它们的保护，但作为一个仿效它们建立新生政权的领袖却被他们拒绝的原因。

因为西方列强的欺凌压迫，因为清王朝的昏聩腐朽，徐锡麟、秋瑾、陈天华、黄兴等众多的本属于"道统"的知识分子，团结在孙中山的周围，成为旋转乾坤、推翻帝制的巨大力量，而他们本人也都成了千古传颂的英雄。百年之后，反思这一段历史，除了对辛亥烈士们的缅怀与崇敬，我还想要说一句话：前事不忘，后事之师。西方列强留给我们的历史教训，永远不要忘记！

2011年3月9日

在武汉的演讲

中国的读书人

一

今天到这里和同学们交流，看到这个报告厅里人都坐满了，还有很多同学站着听我的讲座，我很感动。很高兴能够跟你们交流，因我这次到广州来是参加"南国书香节"的，因此准备的讲稿便与读书有关。我今天演讲的题目是《中国的读书人》。

读书人，全世界都有，但我今天只讲中国的读书人。大家会问，中国的读书人与外国的读书人有什么不同吗？我要告诉你们，不同的地方太多了。我认为，一生只读专业书的人，不是真正的读书人。读书的真正快乐，在于读闲书、读杂书。专业书养志，闲杂书养心。西方的读书人，大多都专注于专业方面的书籍，所以好认死理、坚守原则。中国的读书人要谦和一些、圆融一些。这就是不同。

我们在座的每一个人都是读书人，我认为当个读书人是一件很快乐的事情。改革开放提出了"科技就是生产力"的口号，学理科的知识分子地位大大提高。相比之下，学文科的知识分子的社会地位，明显地下降了许多。我获得了茅盾文学奖第一名，奖金是三万元。国家最高科学技术奖，奖金是五百万。这就是差别。我这么说，不是妒忌人家科学家，他们造福人类、造福国家，应该得到足够的荣誉和财富。我只是想说明，时代风气改变了，读书人的差别也就显现出来了。现在是科技时代，因此就是科学家的时代，文学家们不再受到社会的普遍关注，这是很正常的事情。尽管如此，我仍然觉得我这样一位从事文学创作的读书人，生活在当今这个时代，是一种福气。

二

读书不是一种职业，不同身份的人都可以从阅读中获得快感。我认为读书人应该有两种不同的解释。一种是知识分子的代称，另一种是有读书爱好的人。这两种解释都行得通，只不过对应的问题不一样。我现在先说说第一种读书人。

在中国古代，尽管当官是最荣耀的事情，但人们认为最好的生活方式，或者说最好的职业，却不包括当官。尽管我个人认为，终生当一个读书人是最好的生活方式，但古人并不这样认为，古人将贤人分为渔、樵、耕、读四种，第四种才是读书人。同学们也许会问，为什么要把渔翁放在最前面呢？打鱼的人出没于风波里，社会地位那么低，有什么好的？在这里，我用三个故事来说明渔翁的了不起。

第一个故事发生在春秋时期，当时，中国的长江流域有三个诸侯国，楚国、吴国和越国。在公元前6世纪末期，楚国最强大，但是楚国的国君楚平王很平庸。楚平王派使者到秦国为自己的儿子找媳妇——春秋战国时期，各国通婚的现象很普遍，这叫政治联姻。楚平王之所以要到秦国找一个儿媳妇，是为了他"西结强秦"的政治目的。应该说，这个想法是不错的。但是，等到秦女来到楚国都城的时候，他一看这位秦女很漂亮，便舍不得给儿子了。于是，他听信奸臣的话，把这位秦女纳为夫人，后又听信奸臣的话，杀了老臣伍奢及其一家三百余人，最后，伍奢全家只有他的第二个儿子伍子胥逃了出来。"伍子胥过昭关，一夜白了头"的故事，同学们应该都知道。我今天就讲伍子胥具体是怎样过昭关的。伍子胥历尽磨难逃到昭关，这是处于吴楚分界的边城。此时，前有大江堵截，后有楚平王派的追兵，伍子胥跑不掉了。在这生死存亡的关头，突然，从芦苇深处荡出来一只小船，一位老渔翁一边唱歌一边把船摇到伍子胥跟前，说："你上船吧。"伍子胥刚刚上船，楚国的追兵就到了岸边，追兵高叫着让渔翁将船开回来。渔翁笑了笑，仍是一边唱歌一边将船摇到了江中心。伍子胥脱离了危险，他非常感谢这位渔翁，把老人尊称为丈人，说："丈人，我该怎么感谢你呢？"渔翁反问："你说怎么感谢我呢？"伍子胥说："我这里有一把祖传的宝剑，我把它送给你。"在春秋时期，将自己最好的剑送给别人，这是最高的馈赠。伍子胥的这把宝剑上镶嵌了很多宝石，而且他带着这把宝剑参加了很多次战斗，因此伍子胥觉得把这把宝剑送给渔翁，最能表达他的感激之情。谁知渔翁笑了笑说："我知道你是伍子胥，我知道楚王在追杀你，我也知道楚王的悬赏有多高，如果我将你交出去，我不但可以得到爵位，还可以得到五千顷的土地，可以说是封侯拜相啊！我连那个都不要，我还要你这把剑吗？"说完，渔翁仍然一边唱歌一边摇船，将伍子胥送走。当伍子胥上岸，回头再看时，小船上已经没有人了，那位渔翁已经沉江自杀了——他知道自己回去就会被楚王的军队杀掉，于是干脆沉江。这是中国历史上渔翁的形象，是智慧的化身，是英雄的化身，也是有儒雅之气的侠客的化身。在渔翁的帮助下，伍子胥后来逃到吴国，帮助吴国强大起来，现在的苏州就是他建的。

第二个渔翁的故事，发生在战国晚期，与伟大的诗人屈原有关。屈原的不朽之作《离骚》可以和《荷马史诗》媲美，是中国文学发源期的高峰。屈原是楚国的高官，屡进忠言而遭到国君排斥。楚国灭亡之际，他已被放逐到郢都之南，就是今天的湖南汨罗，他悲愤交集，准备投汨罗江一死了之。屈原走到江边，正准备投江，这时，他遇到了一个渔翁。渔翁问屈原要干什么，屈原回答说，他要自杀，楚国被灭了，奸人当道，他活着还有什么意思。渔翁针对屈原"众人皆醉我独醒"这句话说，你应该"淈其泥而扬其波"。渔翁的意思是：就像世上的水都浑浊了，大家都喝不干净的水，你也喝啊，所以你应该随其流而逐其波。渔翁这是告诉屈原：你要接受这个时代，你要接受命运给你的安排。但屈原没有接受渔翁的劝告，还是倔强地沉江了。这位渔翁的形象随着屈原的故事一同留在了中国的历史中，他是中国的老庄哲学的代表，明哲保身，不与世界对抗，只讲求"独善其身"。

现在，我来讲第三个渔翁的故事。大家还记得《三国演义》开篇的那首词吧，这也是《三国演义》的主题思想："滚滚长江东逝水，浪花淘尽英雄。是非成败转头空。青山依旧在，几度夕阳红。白发渔樵江渚上，惯看秋月春风。一壶浊酒喜相逢。古今多少事，都付笑谈中。"这是明嘉靖年间状元出身的杨慎写的一首词。这个杨慎，学问很好，但官运不佳，因为参与大礼案，与嘉靖皇帝结下不解的仇恨，被流放云南，终生不赦。他是在流放的路上写下这首词的。个人的坎坷遭遇，让他羡慕一辈子与世无争的江上渔翁。从古到今几千年，今天这个朝代垮掉了，明天那个朝代建立起来了，但在渔翁的眼睛里，这只不过是太阳从东边升起，从西边落下，是自然的规律。因此人间的兴衰更替，不必看得太认真。渔翁在日夜流淌的江河上，长年累月看着秋风春雨，不会被小人构陷，不会被功名累死，多好呀！

通过对以上这三个渔翁的形象的分析，大家就知道渔、樵、耕、读，为什么要把渔翁放在第一了。中国的四大贤人排座次，不是皇帝排的，而是中国的读书人自己排的。渔翁独善其身，他永远那么悠闲。渔翁充满智慧，但是他并不用丰富的智慧去博取功名。这些是读书人将他摆在第一位的原因。读书人羡慕渔翁的那一份平淡、那一份悠闲，从思想深处认同这样一种思想态度。渔翁是读书人理想的化身，是老庄哲学的典型代表。渔翁在沉重的世俗生活中，显得那么飘逸、那么超然。正因为如此，渔翁经常担任历史仲裁者的角色。没有渔翁，我们的历史便缺乏第三者的眼光，即客观的眼光。历史有成功者的历史，也有失败者的历史，还有旁观者的历史，渔翁是作为旁观者来看待我们的历史的。

三

下面我要说一下读书人。读书人也有三种，一种是积极创造历史的，一种是积极塑造自己人品的，还有一种比较接近渔翁，即以一种豁达悠闲的态度看待周围发生的一切，所谓"看庭前花开花落，望天上云卷云舒"，这是最典型的读书人。

我们先说第一种，积极创造历史的人。屈原梦想破灭，因此结束了自己的生命，班超将笔一丢，说大丈夫每日坐在书斋里有什么意思，应该到边疆厮杀，争取封侯。这都是为时代效命的方式。这一种人有很多，伍子胥是这种人，范蠡是这种人，秦始皇的宰相李斯、汉高祖的军师张良以及诸葛亮、王安石、张居正、翁同龢等等，都是这种人。这种人是立功的，他们心存社稷，铭记苍生，鞠躬尽瘁，死而后已。还有一种读书人，是立德立言的，如司马迁、贾谊、朱熹、陆九渊、王阳明等等。此类人中，还有诸如李白、杜甫、苏东坡、曹雪芹等文学家。这样一批立德立言的读书人，总代表是孔夫子。孔夫子最早的志向不是当思想家，而是当政治家。他惶惶如丧家之犬，各处游说，希望能得到一个平台、一个治理国家的机会，但是国君们都不愿意用他，认为他是书呆子。实际上，这是老天爷帮了他。他如果去当一个入世很深的政治家，就不可能用第三者的眼光来看待社会的变化，最后成为中国的万世师表。现在全世界很多地方都建有孔子学院，许多国家都在研究并吸收他的思想。如果他当了政治家，不会比伍子胥或者李斯干得好。而伍子胥与张居正一样，都是楚狂人，都是我的老乡。他这个人在政治上是很有建树的。他是建功立业的读书人的代表。

建功立业的人，命运一般都不好，不是像伍子胥那样被赐死，就是像诸葛亮那样被累死。孔子想建功立业，想当政治家，没当成，这是他的福气。去处理政治上的事了，他便没有时间独立思考问题了，也没有可能当大思想家了。今天，也就没有那么多人研究他了。

以孔子为代表的第二种读书人，其人性的光芒、智慧的魅力，甚至比第一种读书人更为灿烂。这里再讲两个唐代的故事。

现在人们认为，只有那些对生活丧失了信心的人才出家当和尚，认为遁入空门是一种逃避现实的方法。其实在唐宋两朝，当和尚也是实现人生理想的一种很重要的手段。有这么一个故事：唐代有一个皇帝非常喜欢佛教，也很喜欢当时名满天下的大和尚马祖。有一天，他终于把马祖请进了皇宫。可是马祖见到皇帝，并不下跪，大臣们就问他为什么见到皇帝不下跪。马祖回答说，我见皇帝不能下跪，因为他是管理天下众生的，是人王，我呢，我是法王，是管法的。这个法不是法律，而类似于宗教。在老百姓心中，法王就是佛的化身。马祖的法王之说，是对皇帝权威的一种挑战，但皇帝并没有迁怒于马祖，这表明唐朝皇权对宗教的宽容。

第二个故事是说明读书人的无行的。唐代有一个大诗人叫骆宾王。武则天时期，他写了一篇《讨武曌檄》，这篇文章收在《古文观止》里，是最好的檄文。骆宾王这个人当过小官，但怀才不遇，每天在长安街上喝酒，天天都喝得烂醉。他酒鬼的名声和他才子的名声都很大，皇帝都知道。有一次，外国进贡美酒，皇上品过之后，说这真是好酒啊。他想起骆宾王也很喜欢酒，就吩咐身边的太监也给他送一坛去。多不容易啊，皇帝并没有因为骆宾王官职卑微，就高高在上，不跟你来往——那时候，从皇帝到一般老百姓，都爱惜和尊重有才华的人。两个太监抬着一坛子酒在长安酒家一家一家找，最后在一个小酒馆里找到了骆宾王。当时，骆宾王已经半醉了。太监说明来意，骆宾王就把送来的酒尝了一尝，连声称赞："哎呀，真是好酒！"接着，骆宾王找店小二要了一只木盆，把美酒倒进盆子里，然后脱了袜子洗脚。这一下，在场的人都大吃一惊：用皇帝御赐的美酒洗脚，这可是闯了大祸了。有人就问骆宾王："你吃了豹子胆啊，怎么敢用皇帝送给你的美酒洗脚？"骆宾王说："皇帝送酒时并没有说这酒只是送给我的嘴的吧？要知道，脚也是我骆宾王的，嘴也是我骆宾王的，我如果只管嘴不管脚，岂不是欺上瞒下？"你们听，骆宾王回答得多么巧妙。他是借着美酒来说事儿，讽刺皇上身边的大臣欺上瞒下呢。太监回到宫中，把这件事说给皇帝听，皇帝只是笑笑，并没有责怪骆宾王。所以我说，唐代皇帝胸襟宽广，尊重文化人，而文化人也能够特立独行，保持自己的文化品格。

四

在历史上，骆宾王这样的读书人还不算另类。按品性划分，读书人也可分为三类：狂生、狷生和乡愿。狂者不拘小节，但有担当天下事的勇气；狷者执着，有一往无前的决心；乡愿比较玲珑，会做人。一般来说，狂者有个性，容易遭人忌。李白诗"我本楚狂人，凤歌笑孔丘"，可见他是以狂人自居的。敢以狂人自居的读书人，历史上每个朝代都有不少。

继骆宾王之后，晚唐有一个大诗人叫杜牧，他不算狂人，但也有狂人那种与世俗抗争的勇气。杜牧非常有才，官也比骆宾王做得好很多。他在淮南节度使牛僧孺幕中当书记，也就是幕僚的时候，就是出了名的风流才子。他在扬州，最大的乐趣是下班之后去青楼酒馆。扬州在唐代是最繁华的城市，城里头到处都是青楼酒馆，有许多漂亮的女孩子，所以，有一句话说，"腰缠十万贯，骑鹤上扬州"。杜牧天天都跟这些女孩子泡在一起，但他毕竟是政府官员，哪能这样胡闹呢？于是有人跑到牛僧孺跟前告他的状。牛僧孺听后，只是笑了笑，派人每天偷偷跟着杜牧，不是伤害他，而是保护他。

三年之后，牛僧孺升官了，走之前，他把杜牧叫到办公室里。他的书案上摆了老大一只箱子，他让杜牧打开箱子，只见箱子里放着一扎一扎的纸条子，是杜牧每天平安归来的记录。杜牧这才知道牛僧孺一直派人暗中保护着他，因此对牛僧孺非常感激。但他秉性难改。

多年之后，杜牧回到长安当了监察御史。那时候长安城的达官贵人家里，每天晚上都有堂会——当时达官贵人家里都养着歌舞班子。那时的京兆尹家里的歌舞班子非常有名，其中有两个女子，歌唱得相当好，名气大得很。这个京兆尹经常请人到家里吃酒席看歌舞，但是从来没有请杜牧。杜牧很奇怪，问朋友，京兆伊为何不请他。朋友说，他不敢请你，你是监察御史，他怎么敢请你呢？杜牧一听，当天晚上就跑去京兆尹的家，说，你不敢请我，我自己来了。刚坐下，他就问："谁叫紫云啊？"紫云就是那个红得发紫的歌女。他让紫云坐在他旁边，陪他喝酒，给他唱歌。这就是唐代的读书人。"文人无行"这句话，在唐朝表现得比较充分。

五

现在，我再讲一讲第二个问题，就是读书人承担社会功能的问题。每一个读书人都承担着社会责任，有的人当渔翁，有的人当李斯，有的人当李白，等等。每一个读书人都是不同的。为什么他们承担的功能不一样？换句话说，为什么他们的文化身份千差万别呢？这是因为他们在读书的过程中汲取的知识和他们传承的关系不一样，后世对他们精神的领悟程度也不一样。世界上有两种文化，一种文化以毁灭为能事，另一种文化则致力于创造。这么说，大家可能不好理解。为什么说有一种文化以毁灭为能事呢？所有的改朝换代都是毁灭，不破不立嘛，破就是毁灭，将旧的东西打破，这个过程就是毁灭的过程。历史上有一个奇怪的现象，改朝换代，毁灭旧的王朝的时候，往往是不读书的人起了重要作用，读书人只是配角。唐人的诗"坑灰未冷山东乱，刘项原来不读书"，是讽刺秦始皇焚书坑儒的，但也道出了"英雄未必是书生"的道理。刘邦和项羽，两个人都胸无点墨，是大老粗，但两人推翻了秦王朝。他们是大英雄，善于毁灭，却不善于建设。在建设一个世界的时候，读书人的优势就明显地表现了出来。读书人的分别在于，有的人愿意研究毁灭一个世界的学问，而更多的读书人，为我们的社会承担建设的责任。

有着建设责任的读书人不见得要当官，但一定要有专门的知识。三百六十行，行行出状元。当今社会中，这些状元就是两院院士，就是各行各业的带头人，就是那些大公司的老板。我常和人讲，当一个时代的建设者，是有福的。铁马金戈、刀光剑影的生活，虽然刺激，但不是每一个人都喜欢的。而对于赚钱的差事，大部分人都有积极性。如今到了知识经济时代，没有专业知识，赚钱是很难的。但这些赚钱的、经邦济世的学问，必须下苦功夫去学习才能掌握。人间的学问很多很多，当今之世同古代不一样，学问分得很细，非常非常细。就说咱们华南理工大，设置了多少个专业，每个专业里，又容纳了多少学科？我曾经在另外一个地方说过：知识是有方向性的。比如说科学技术所承担的任务是创造世界，人文科学，我们的哲学、文学、法律、经济等等的学问是用来管理这个社会、管理这个世界的。这就是知识的方向性。如果你是科学院院士、工程院院士，你就应该在科技领域为国家进步做贡献。但是，管理国家、创新制度的责任，就应该让更多的学习人文科学的读书人来承担。这也是知识的分工。

六

说了读书人承担社会功能的问题，我还想专门说一说读书人的领悟能力、智商和情商的问题。首先，我提醒大家，千万不要小看那些书读得不多的人，他们中的佼佼者，智慧可不见得比我们读书人少。这里面最典型的例子，就是我们广东的一位前辈，一千多年前的惠能，也就是禅宗六祖。惠能是一个大字不识的文盲。有一天他到一户人家卖柴火，听到东家在诵《金刚经》，听到"应无所住"四个字时，他忽然就领悟了。惠能问这是什么书，有人告诉他这是《金刚经》。惠能又问现在最懂这个经的人在哪里，人家告诉他禅宗五祖弘忍最懂此经，住在黄梅东山五祖寺。惠能听了之后，千里迢迢从韶关穿过江西，从九江渡过长江来到湖北黄梅的五祖寺。他到了五祖寺后，弘忍大师问他是从哪儿来的。惠能回答说是岭南。那时候中原人蔑视广东人，称呼广东人为"獦獠"。弘忍说，你一个獦獠怎么学佛？惠能立即回答说："人有南北之分，佛性并无南北之分。"这使弘忍大师大吃一惊，于是把惠能留了下来，但还是不让他出家，而是让他随众劳动，每天的任务是种菜做饭。惠能入寺八个月之后，弘忍命各人呈上一首偈语。这实际上是一场考试，他要选择继承人。但惠能没资格参加这场考试，因为他还不是和尚。弘忍的弟子有上千人，最有学问的叫神秀，和尚们称他为上座，地位仅次于弘忍。神秀为了显示自己的才能，写了一个偈："身是菩提树，心如明镜台。时时勤拂拭，勿使惹尘埃。"所有的人都说他写得好，夸他学佛十七年，了解了佛的真谛。惠能这位"獦獠"不识字，就请人念给他听。听了之后，他说我也有四句。他写不了字，便让人帮他写。他口授的四句是"菩提本无树，明镜亦非台。本来无一物，何处惹尘埃"，一下子推翻了神秀对佛的理解。和尚们都耻笑惠能胡说八道，但弘忍看了惠能的偈语后，当夜就把惠能叫去，把世代相传的袈裟交给他，正式传他衣钵。弘忍知道神秀势力大，没有当上继承人，肯定会对惠能不满，于是让惠能连夜离开五祖寺，回广东老家去。惠能这四句偈，道出了禅宗的真谛，印度佛教的中国化，惠能功不可没。我们今天读到的《六祖坛经》，便是惠能讲授禅学的语录，是他的弟子们记录的。他同孔子一样述而不作，但孔子述而不作，是摆老师的权威，惠能述而不作，是因为不识字。这有点黑色幽默的意味，可其实一点也不荒诞。神秀学富五车，但根器不如惠能，这根器就是领悟能力，也就是智慧。

孔子说有的人是"生而知之"，有的人是"学而知之"，这就是智商的差别。惠能就是生而知之的人，是天才。孔子和神秀这种人是学而知之，通过艰苦的学习参透知识，这叫人才。人才是可以培养的。我们所有的大学，所有的教育机构，都是为学而知之的人所创办的。我们的每一本书，都是为学而知之的人写作、出版、发行的。有的人读书读了一辈子，始终是一知半解，这就是领悟能力不够。智商与情商比较高的人士，只要培养了读书的爱好，大都能够融会贯通，达到学而知之的效果。

最后我要告诉同学们：读书是快乐的，不要将快乐让给别人。

我从十一岁时起，就养成了读书的习惯，每天不读几页书，就会感到不舒服，就会睡不着觉。四十余年来，我从未改变每天读书的习惯。我喜欢在下雨天读书，喜欢在冬天下雪时读书，因为这个时候大家都很少走动。这个时候待在家里读书，感觉很快乐。我经常一到下雪的时候，心情就特别好，因为只有这样萧瑟的环境，才能给人非常充足的空间以及非常闲适的心情把书读下去。所以我说读书人的要求很低，只要天上有雨、有雪，只要有一盏清茶一杯淡酒，就可以读一本书，思考人生的大问题。因此，我们只要有一点点时间，就用茶用酒相伴，度过一段愉快的读书时间吧。

附：回答听众提问

听众：熊老师，请问您写《张居正》用了多长时间？

熊召政：我读书读了五年，主要是研究明代的历史，然后写了五年，一共是十年。

听众：熊老师您好，您的演讲总是讲古代的，很少讲近代的，我想问一下您对鲁迅的看法。

熊召政：大约是因为我这个人线装书读得太多了，所以随手拿来的例子都是古代的。我非常喜欢30年代的一帮作家，也非常敬佩30年代这一批作家取得的成就。鲁迅在他那个时代，处于巅峰的位置，他是一个思想家，也是一个文学家，非常了不起。

听众：熊老师您好，听说您在四川文艺出版社出版了诗集、散文集以及长篇小说《张居正》，是吗？

熊召政：我的《张居正》这部历史小说，最早是在长江文艺出版社出版的。这部书一共有四卷，一年出一本，分四年出完。为什么这样出呢？当时长江文艺出版社社长周百义，也是我的责任编辑，给我用了一个激将法，他说："你可以一本一本地出，也可以一次出，这就要看你对自己有没有信心。有的人作品第一卷出来反响很好，后来写得不怎么样，到最后就没有人看了。还有人一卷比一卷写得好，读者越来越多。后一种人愿意一本一本出。"我一想，我也不能说自己是前一种人，对写作没有信心啊，于是答应写一本出一本，这主要是为了给自己增加一点压力。去年获得茅盾文学奖之前，我重新来看这本书，发现有一些可以订正的地方。比如说，里面说到了奏折，其实明代只有奏本，没有奏折，这样小的事，读者可能不在意，但是作为一个对历史负责任的作家，不能因为读者忽略，自己就忽略。因此我就将这套书做了一些订正，校订本就是由四川文艺出版社出的。这套书出得非常考究，我很满意。究竟订正了多少处，我自己也不知道，只记得改得密密麻麻的，但四川文艺出版社我的责任编辑林文询先生告诉我，修订的地方有二千二百四十八处。

另外，我的散文集《青山自在红》，它是在写《张居正》过程中诞生的，是对历史的一些研究。我将这本书送给贾平凹，他说你这是将写《张居正》剩下的材料再回炉一次，变废为宝，很好。我说不是，我的这些文章体现了我的历史观，是我写作中很重要的一部分，与《张居正》相得益彰。另外，这位同学还问诗集的事，我最后一首诗《千年虫》是1999年写的，这之后我就没有再写了。但是，我在《张居正》中，替里面的人物写了大量的诗词。今后，我想我还是会写一点新诗的。

听众：我自己比较喜欢读书，最近我在网络上遇到一位师长，通过QQ或者论坛针对我们大学生的思想发表看法。他说大家都在读书，但是真正能够用心去读书的人，却很少。我现在处于比较茫然的状态，我想和您多交流交流，我能通过什么样的途径与您进行交流呢？

熊召政：我这个人好像与生俱来地喜欢读书。客观地讲，我当年的读书条件比你们好，为什么这么说呢？因为那个时候我们家没有收音机，全中国都没有电视机，更没有电脑与网络游戏。我生活在一个偏僻山区的小县城里，漫漫的长夜，全靠读书来度过。所以我说我的读书条件比你们好，整个社会没有那么多的诱惑让我放弃读书的快乐。但如果让你们像我小时候那样去读书是很残忍的，也是不可能的。因为现在外面的世界很精彩。对当年的我来说，读书是一种快乐、一种享受，今天，对你们来说，读书可能是一种痛苦。往电脑跟前一坐，与网友们一聊一个通宵，那多快乐啊！你说想和我交流，没有问题，但是我不怎么上网，我只用电脑处理电子邮件，从来不会在网上聊天，也不开博客。我想我们可以找一些别的方式交流。

听众：熊老师，您既是作家也是诗人，我想知道诗歌在您的生命中是什么地位，还有您对中国诗歌的发展怎么看。

熊召政：1996年，作家出版社出了一套我的作品自选集，其中有一本诗选，叫《南歌》。我为这本诗选写了一个自序，标题是《诗在心灵中的位置》。从这个名字，你们可以看到我是多么钟情于诗歌。在《张居正》获得茅盾文学奖之后，不少记者问过我一个问题："你还写诗吗？"这是一个非常简单的问题，跟你问的差不多，可是我却感到不太好回答。我对一个记者说："我之所以写历史小说，是因为我认为文学的最高境界就是史诗。作为一个诗人，能写出史诗性的作品，那该多么快乐啊！当然，我不见得写得出史诗性的作品，但这是我的文学理想。这个时代可能不需要诗，但是我的生命一天也不能离开诗。一个没有诗的激情的作家，在我看来，他是缺乏一种人文的东西的，他的作品不会产生感染力。如果我们整个时代都没有诗，那么这个时代就没有制约金钱的力量。所以我认为时代要健康发展，既要有众星捧月的大商人、企业家，也要有孤独的但受人敬仰的诗人存在，这才是正常的。"

听众：我想问四个问题。第一，对您影响最深最大的是什么书、什么人？第二，您觉得您现在文章最大的特点是什么，也就是您最得意的地方是什么？第三，您在写作中遇到的最大问题是什么？第四，您给希望从事创作的人，给初学者有什么样的建议？

熊召政：第一，影响最大的一本书，我真不好说。唐诗、宋词，《楚辞》《悲惨世界》等对我的影响都很大，大仲马的《基督山伯爵》对我的影响也很大。大仲马编故事的能力非常强，这一点值得我们学习。还有将文学推到极致的屠格涅夫，他的《猎人笔记》对我的影响也很大。

第二，我最得意的地方，就是我始终没有放弃忧患意识，没有放弃我为这个民族思考的责任。

第三，我写作中最大的苦恼，就是故事的生动性和思想的深刻性不能有机地融合。

第四，如果给有志于文学创作的年轻人提一点建议的话，我认为最重要的就是坚持，我是经历了多少次退稿，多少次被人误解才走到今天的。现在我坐在这里跟同学们交流，你们觉得我成功，其实我生命中的大部分时间是以失败者的身份生活着的。

听众：前一阵子，文坛巨匠巴金先生去世了，作协提出要设巴金文学奖，您是一个文人作家，对设不设巴金文学奖应该有自己独到的看法吧，能听一下您的看法吗？

熊召政：巴金作为一代文学巨匠，以他的名义设奖，从他个人的影响力、威望来说，是完全应该的。但是他的亲人不同意设这个奖，我觉得也是应该充分尊重的。

听众：熊老师您好，您对余秋雨的散文怎么看？

熊召政：余秋雨的散文，在中国文学界应该是一道亮丽的风景。余秋雨对于文化散文做了很有贡献的探索，他的文章写得非常有特色。

听众：熊老师，您好。这几年，中国一些文学新人，比如说韩寒，对学生的影响很大。您对以韩寒为代表的文学新锐有怎样的看法？还有，您觉得中国的传统文化对中国未来的文学发展会产生什么样的影响？

熊召政：我认为作家是不分年龄大小的，有志不在年高嘛。韩寒他们对于文学的理解，显然和我们这一代人对文学的理解隔得比较远。学生们很欢迎他们的作品，这是一种新的社会现象，我们不应该去反对这种现象。但我们还应该观察一下，因为文学最终取决于生活的积累以及对生活的理解。韩寒他们的文化究竟是快餐文化，还是文学的转变呢，现在还不能下结论。但是我对这些年轻人的才气，以及他们进入文学的勇气和方式，表示敬佩。

你的第二个问题，中国传统文化对中国未来文学发展会产生什么样的影响。我们回避不了历史给我们生活打下的烙印，今天有那么多的人喜欢历史小说，这是因为中国是一个历史悠久的国家。今天也有那么多人喜欢校园青春派的小说，这是因为我们的现实生活灿烂多彩。所以我相信未来的文学，应该比现在更辉煌，传统文化的回归会比现在的步伐更快。

2005年12月16日

在华南理工大学的演讲

钓鱼城战役对中华及世界的意义

在合川为《钓鱼城》的创作举行一个隆重的开笔仪式，我感到非常高兴。感谢合川方面的领导和朋友们对我创作上的支持，更感谢电视剧《钓鱼城》的合作方，感谢郑晓龙导演。我和晓龙第一次来钓鱼城的时候，就被这个题材吸引住了，也非常喜欢合川这个三江汇合的地方——首先是被这个地方的故事打动，然后又爱上了这里的山水，以及在合川生活和工作的朋友们。

刚才，部长介绍了我的一部分创作情况。我是一个历史小说家，在历史领域里面潜心耕耘了很多年。2005年，在长白山上，哈尔滨市委、市政府和哈市阿城区委、区政府等，为我举行了《大金王朝》的开笔仪式，这一开笔就是十四年，一直到2019年全书完成，我几乎没有干别的事情。

我是从2017年开始跟郑晓龙导演两个人谋划钓鱼城

这个题材的，开头是准备创作一部电影，后来觉得还是创作电视剧容量较大，当然，最终我还会创作自己的小说。这三者究竟怎么样去推进，我们做了很多讨论。后来，他让他最信任的制片人来跟我沟通。我说，幕后的事情都归你们做，第一阶段辛苦的是我，第二阶段辛苦的就是晓龙导演了。我这次来合川前，郑晓龙跟我说：召政啊，这次我要是抽得出时间来，我就一定会过来，抽不出来你也别怪。现在辛苦的是你，但你总有轻松的时候，我总有接着你的工作继续辛苦的时候。接着，我们就又讨论了一番钓鱼城题材的事情。

这一次"开笔"，是我的几部"重头戏"里面最浓重的一笔。长白山那一次，我在山上开笔的时候，刚刚把开笔的那面旗子展开，一场大雪就纷纷扬扬地下起来了。在长白山天池旁边，宣纸和墨笔都铺展开了，我一看大雪飘起来了，触景生情，即席写了一首诗，其中有两句："愿借天池飞瀑水，尽情挥洒写英雄。"因为我要写的，就是我心目中的一位北方的英雄。当时，我觉得我要把中国北方最偏僻的蛮荒之地的、马背上的英雄们，把大家不太熟知的他们建功立业的故事写下来。这一写，就导致我后来十上蒙古高原，十一次深入东北山林腹地，行程最多的一次开车走了一万三千公里，走了四十来天。可以说，我几乎考察、寻找、访问了金朝留下的全部历史遗迹。

这一次，为了写钓鱼城，我大概用了四个月时间，收集和分门别类地整理了相关的资料，装订了厚厚的八大册。不能充分地掌握历史资料，就没有办法全面和准确地弄清楚这个钓鱼城究竟是怎么一回事。

今天我已是第四次来到钓鱼城，来到这一片英雄的土地上。我想从以下三个方面，来讲一讲我对钓鱼城故事的认识和理解，讲一讲钓鱼城战役对中华及世界的意义。

在原来的题目里，我用的是"战争"。一直到12日晚上，我才定下来用"战役"。为什么用战役呢？世界上著名的战役，有滑铁卢战役，有葛底斯堡战役，有崖山战役，等等，都是在某一个关键地方发生的。论时间，钓鱼城之战有长达三十六年的对峙，应该是一场著名的战争。可是钓鱼城对整场战争来讲，是最后的，也是最关键的一个点，所以我最终把它定为"战役"，即钓鱼城战役。

钓鱼城战役的历史背景，我相信在座的合川的朋友们都耳熟能详。我上一次来合川，在游船上看到了两首诗。今天看到凌泽欣先生，我问他，我上次在游船上看到的"上帝折鞭"的那首诗，是不是他写的，他说是的。我说我上次在那里把这首诗读了两遍。历代都有这样的情况，即当地的文人和学者对家乡的历史做出了很好的研究。因此我也会从他们的研究里汲取营养，然后再开始我自己的"文学长征"。在历史小说创作上，我是走完一个"长征"，再走完一个"长征"。《钓鱼城》是我生命中的一部重要的作品，是我第五次历史和文学的"长征"。这次

"长征"的意义我觉得非常之大。

首先，我想跟大家讲一讲，蒙古帝国的第三次入侵。公元1258年，蒙古帝国已经把他们境内平叛的事情做完了，也把周边的"刺儿"全部拔掉了。孛儿只斤·旭烈兀和他的兄弟们已经带着十万铁骑，横扫了西亚地区，打到了阿姆河两岸，连底格里斯河、幼发拉底河的一些地方，都成了蒙古骑兵战马饮水的地方。旭烈兀雄心勃勃，觉得拿下整个欧洲已经不在话下了，所以把目标放到了南宋——南诏国灭了，西夏灭了，吐蕃也主动投降了，现在只剩下一个处在四面包围中的南宋了。1258年冬天，旭烈兀开始入侵南宋。他把他的军队分成了三路大军。这时，忽必烈已经到了大理，他便让忽必烈率兵从大理赶到广西、湖南，在潭州待命，准备从这里攻打到武昌。忽必烈从大理到武昌，是要作为总帅督阵的，督的是成吉思汗时候留下来的禁卫军，是蒙古最厉害的军队。之所以摆出这么大的阵仗，是因为旭烈兀想直接突破襄阳。当时，他觉得最难打的是四川。

大家都读过诸葛亮的前后两篇《出师表》和《隆中对》。诸葛亮给刘备出主意，说我们要从南方收复中原，得有两个突破口，正北就是襄阳，我们要在襄阳建立根据地，向湖南和中原突击；第二个就在西南，就在我们四川这里——今天的汉中，那时候也属于四川。诸葛亮建议在这两地建立"根据地"，然后两支部队，一向中原突击，一向关中突击，合围北方的曹操政权。但诸葛亮始终没有实现这个目标。诸葛亮写前后《出师表》的时候才二十七岁，他当时并不了解自己的力量，以及中国的山川态势。中国在汉魏之前，甚至在清朝之前，从来没有南方成功平定北方的例子，都是北方平定南方。不过，他提出的进军的通道倒是对的。所以，旭烈兀在襄阳主要是要突破正面战场，采用的是"集团军作战"。他认为最难攻的是四川，为什么呢？刘备把首都建在四川境内，然后从这里"六出祁山"，倒是没有什么问题。但是到了汉中，则逢战必败。有一年我到了五丈原，仔细看过这里以后，我就更加感觉到，诸葛亮当然是很了不起的军事家，但还是有一点"秀才谈兵"。他的后援，缓冲地太少，不像从北方往南打，无尽的平原都是缓冲地。他为了攻四川，派他的大将在广元经营了十几年，把后勤基地建得非常好。从广元进剑门关，距离就很近了。唐代诗人岑参，曾写过这样的诗句："朝登剑阁云随马，夜渡巴江雨洗兵。"巴江，就是嘉陵江；剑阁，就是剑门关。这两个地方都是一夫当关、万夫莫开的。

就是在这样一个战略态势之下，在欧洲从来没有失手过的蒙古军队，开始了伐宋的征战。1258年是南宋宝祐六年，蒙哥大汗挟西征欧亚非四十余国的威势，分兵三路而来。成吉思汗的这些孙子辈西征欧洲时，可以说是所向披靡，把欧洲打得简直是落花流水。我到过他们的铁骑抵达过的今天的匈牙利的布达佩斯——那个时候还没有布达城，只有佩斯城。一般的军队在欧洲作战用的是重骑兵，很不方便。蒙古人却是一匹马、一个战士，腰上带着馕做干粮，手上持着长枪，腰上还别着个狼牙棒，打起仗来很方便，又很迅捷。结果蒙哥带领蒙古的一万骑兵把欧洲五万重骑兵全部干掉了。所以蒙哥很是自负，觉得他来征四川，必胜无疑，他要出手，就打最难打的。

在他打四川之前，四川被征服过一次。他或许还觉得，他这一次征服四川，应该比那一次更厉害。1238年，蒙、宋之间的第一场战争爆发，打了三年。当时，两支大军，一支由窝阔台的儿子率领，从河南的蔡州一直打了邓州、枣阳（现在属于我们湖北），最终，襄阳的主帅献城投降。另一支则由窝阔台的另一个儿子阔端率领，从大散关那里开打，第一次进入剑门关，会师成都，之后三个月，全四川的一百五十四个县州全部沦陷。这样，两边合围去打杭州，就很方便了。但是这两支军队正准备出发会师的时候，窝阔台死了。于是蒙古军队从1241年起全部撤退。

蒙古的征伐历史似乎都是如此，换一次大汗就撤一次兵。如果大汗长寿一点，可能天下大部分的领土都是他的。成吉思汗就曾说过："从太阳升起的地方到太阳没落的地方都去夺得，各分土地，共享富贵。"也就是说，整个地球都是他的。但这一次，蒙古陷入了很长时间的地位之争，最后，贵由成为蒙古国的第三任大汗，掌握了权力。但贵由上任两年就死了。到1250年，蒙哥接任大汗王位。上任以后，他所有的兴趣都在欧洲。因为他是从欧洲回来的，他对那些地方很是喜欢。他的宫殿建在今天的蒙古国首都西北三百多公里的地方，从那个地方再往前走，就会走到贝加尔湖。他的宫殿的装饰风格，也全部是欧洲式的。蒙哥还曾经设想过，把首都放在大马士革，让蒙古帝国的中心西移。但这个时候，情况发生了变化。他对木华黎长期经营金国有了觉察。金国的领土比南宋要大很多，两国以淮河为界，互相接壤，且有攻下南宋的野心。还有一个事情让蒙哥警醒，就是南宋在没有经过蒙古人同意的情况下，突然向北进军，占领了汴梁。这让他觉得，南宋想恢复自己领土的决心没变，他心想，那我来收拾你。1227年，他灭西夏，西夏享国一百八十九年。1234年，他又灭了金国，金国享国一百一十九年。1254年，南诏国也灭亡了，享国三百一十余年。

贵由在位时间很短，还是一个醉鬼，特别喜欢喝酒，对南方的生活方式也不习惯。他曾和朝廷里面的官员讨论过，拿下中国后怎么办。贵由说，北京那个地方很好，幽燕之地，我们可以把它夷为平地，变成草场。他还说，要把中原、华北大平原、华中地区的全部平原改造成草原，用来放牧，彻底摧毁他们的农耕文化。而他自己呢，他喜欢欧洲的生活方式，所以他的宫殿里面，都是欧洲的管风琴。他有一座大的宫殿，叫作"金树"，"树洞"有多大呢？能容纳十几个人。树干正是它的宫殿，所有的叶子都是七彩宝石，所有的枝干都是输酒的管道。大臣在讨论事情的时候，就坐在自己的虎皮椅子上。椅子上有按钮，一按，椅子上的五个出口就流出美酒，一个出口出宋酒，就是南方的白酒，一个出马奶子酒，就是欧洲的威士忌葡萄酒……五个管子里面流出来的就是五种酒，你随便喝。因此在贵由时期，蒙古没把南宋当回事。到蒙哥上任，就决定从木华黎家族收回对中华的管制权，并让忽必烈去木兰管军事。木兰就是今天的内蒙古锡林浩特的正蓝旗。要消灭南宋的指令，就是从这个地方发出来的。当时，忽必烈在那个地方有一个金莲川幕府，幕府有六十多个成员，其中五十多个是汉人。忽必烈从二十一岁开始担任木兰的军事统治者，主管中国事务，先前归金国的所有地盘，包括其在长城以内的所有资产，都归他管。忽必烈从此开始对中华产生了浓厚的兴趣，他那几个谋臣，也跟着他开始重视中华的事务。因为对中华的迷恋，忽必烈不久就被人告了一状，蒙哥于是对这个弟弟产生了戒备之心，担心他有野心，要另立山头，就把他召了回去。虽然忽必烈一再表示他是忠于哥哥的，并没有那些想法，但是，蒙哥还是决定亲自带兵打南宋。

从1241到1279年这一段时间，就是钓鱼城存在的时间。蒙古人争夺可汗的位置，给南宋留下了绝佳的休整机会。皇帝就派贾似道镇定中原，驻结武昌；派余玠为四川节度使，掌握西南大权。余玠听从当地一些谋士的意见，向皇上宋度宗写信，建议建立三道防线，防止蒙古人再入侵。

这三道防线，第一道就是在蜀口方向，即四川与陕西交界的所有的口子，都建立堡垒；第二道防线是巴山防线，就是以大散关（剑门关）为始，沿阆中、南充等几个古城，建立一条完整的防线；第三道防线就是从钓鱼城到白帝城的川东防线。他把三条防线构筑起来后，在湖北境内也构筑了随枣防线，即随州到枣阳的防线。

构筑用来防备蒙古人的这三道防线，是朝廷做出的一项重大决策。但最终，真正起到作用的，只有钓鱼城这里的防线，其他的防线都没起什么作用。而钓鱼城能凭着这道防线，抗击蒙古军队近四十年。

钓鱼城战役实际上分了两个阶段。第一阶段是1258年到1259年（或1260年），两三个年头的时间；第二个是1276年到1279年这三年。真正有战争的，一共就五六年时间，其他的时间里都没有战争。

蒙哥死在钓鱼城是历史的大转折事件。怎么理解"上帝折鞭处"？"上帝"即指的蒙哥；"折鞭"是指蒙古军队在这个地方把"上帝"的鞭子折了。其实，蒙古人在这里失误有三个原因。一是犯了他们夏天不打仗的大忌。从最早的鲜卑、契丹、女真，到后来的蒙古，一般夏天都是不打大仗的。成吉思汗一到夏天就会撤兵休养，越冷的天他越打得欢——蒙古军队不怕冷，就怕热。蒙哥却违反了夏天不打仗的规律。这是他犯的第一个大忌。第二个大忌，就是好胜心切。当时，他手下的名将汪德臣就跟他讲，我们能否先不打钓鱼城？绕过去，继续往下。但是蒙哥不干，他说，我没有干过这种事情，我们从来没有绕过一座城向前走的，遇到的城都必须拿下。这是第二个大忌。第三，他低估了钓鱼城守军的战力。他认为，我连苦竹隘都打下来了，小小的钓鱼城算得了什么！苦竹隘又叫苦竹寨，位于剑阁县东北剑门关西的第二道关隘小剑山上。当年，面对苦守苦竹隘的守军，他三天就将苦竹隘攻克了。

我想，我未来的作品里，第一集就写这个情节。这里，我只讲一个细节。蒙哥的一个小妃子，是从欧洲带回来的，叫古丽，他很喜欢她。他的几个部将没有信心，说苦竹隘根本打不下来，因为其一面是嘉陵江，另一面是壁立千仞的悬崖，只用一座铁索桥连着。蒙哥就把铁索桥喷上油焚烧，让铁索直接掉进了江里，以激发大家的斗志。但苦竹隘还是打不下来。蒙哥问他的爱妃说，你哪一天生日？她说三天后。他就跟部下宣布，三天以后，我要在苦竹隘里为她过生日。结果这一战势如破竹。

蒙哥手下有一名小将，二十一岁，敏捷得像猴子一样，他带着敢死队爬上苦竹隘，把西大门打开了。苦竹隘被攻破后，蒙哥问这第一个攻进城的小将，你今年多大？小将说，大汗，我二十一岁。这跟蒙哥的爱妃同岁。蒙哥便说，今天我奖励你，让你跟我的爱妃跳一场舞。后来也是这名小将，在最后三年里跟钓鱼城对峙，成为蒙古军中的第一勇将。我想用这个细节说明，蒙哥觉得只要他有无往不胜的决心，一种强大的心理优势，他就一定能打胜仗。结果，钓鱼城成了他的噩梦，成了他生命的终结之地。

关于蒙哥的死因，有人说他是被抛石机抛出的巨石击中，负了重伤，在温泉寺疗伤时死的；还有一些学者认为他是被"炮风"所震，就是被那些火炮震耳欲聋的声音弄得狂躁而死的。我查了一下，1259年的阴历六月，就是阳历的8月初，还没立秋，正是三伏天，十分闷热。蒙哥从来没经历过这样的暑热，也许中暑了。他在战船上往下游走了几十里水路，到了北温泉。那里海拔八百多米。我昨天亲身去感受过，在山上是真冷。我问那儿的人，三伏天中午，在你们这里是什么感觉？我得到的答复是，中午还可以穿短袖，但一到晚上一定得盖被子。我想，蒙哥当时一定是长期劳累，心里焦躁——一个盖世的英雄，打了三个多月了，却连一座城都打不下来。百般焦躁，再加上各种原因，又中暑了，乍然来到这北温泉，就死掉了。具体是怎么个死法，我们可以有多种想象，但是他这一死，却彻底改变了钓鱼城的命运，使其发生了历史大转折。

这个时候，蒙古有两支铁甲兵，一支在潭州，就是今天的长沙，一支在武昌。兀良合台在潭州，忽必烈在武昌。忽必烈是怎么知道蒙哥死讯的呢？蒙哥死后，秘不发丧，但军队开始往内蒙古高原方向撤退。忽必烈的夫人察必得到了这一情报，八百里加急赶到武昌前线，给忽必烈报信。忽必烈把未来的事情想清楚了，就带着他的部队，去跟贾似道谈和。为此，贾似道给了他二十万两银子。后来，贾似道因为这件事情当上了宰相——他说他"击退"了忽必烈。实际不是那么回事儿。忽必烈谈和，是为了赶回金莲川，赶回去干什么呢？他是要和他的部下商量大事。

这个时候，蒙古人已经分裂为两派。几乎所有的贵族，都拥护忽必烈的第四个弟弟阿里不哥来接替可汗的位子；只有他的三弟旭烈兀——当时还在欧洲——支持忽必烈当可汗。因此，在第一次忽里勒台大会（也就是蒙古帝国各部落的议事大会）上，所有的贵族都拥戴阿里不哥。为此，忽必烈不惜发动战争，跟他的弟弟打了五年。最终，阿里不哥落败。阿里不哥最终为什么失败了呢？是因为气候。他所在的蒙古属于奇寒无比的地方，那里靠近西伯利亚，天气极寒的时候，所有的牲畜会被冻死，草原全部都被冰雪覆盖。这时，便没吃的，没有粮食补给。旭烈兀虽在欧洲，但他支持他的二哥忽必烈，自然不会救阿里不哥，因而阿里不哥最终失败了。而忽必烈呢，黄河两岸有大量的粮食支援他的部队，他最终获得了蒙古政权。

蒙哥死于气候，阿里不哥败于气候。气候，在当时就是"老天爷"，它会给幸运者以机会。忽必烈用了从1251年到1266年差不多十五年的时间，才处理完了蒙古内部的权力之争，把首都迁到了金莲川。在打钓鱼城的时候，他把金莲川变成"上都"，而把首都迁到了北京。他一步一步向南推进，下决心要当中国的皇帝。钓鱼城战役的故事就发生在这样的背景之下。

这个背景具体包括什么呢？第一，蒙哥突然死亡；第二，忽必烈有中华本位思想；第三，当时蒙古人已经在欧洲和西亚、东欧立稳了脚跟，欧洲也没什么地方可打了，放眼天下，只剩下南宋是一块"肥肉"。忽必烈想把南宋打下之后，向东南亚进军。于是忽必烈到了北京，在建都的时候，就下令开始进攻南宋。

他们首次进攻南宋是在1275年，先攻克了襄阳。襄阳守将吕文德投降，接着，汉江上的水军全部投降。襄阳古城被攻下以后，武昌的守军投降。接着，安庆一带也被控制了。之后，决定南宋生死存亡的最大一仗——丁家洲大战发生。当时，在铜陵、芜湖、当涂一带，双方集结了多少军队呢？蒙古军有二十万，其中十万人马是从欧洲回来的，主帅叫伯颜。贾似道带了三十万宋军。战船，宋军是三千艘，蒙古军队是两千艘。长江上有十几公里，密密麻麻全是战船。那么蒙古军队怎么过得去呢？伯颜从欧洲带回了他的火炮营，这是他的"野战军"。这个火炮营有一千多架抛石机，能把一百公斤的东西抛出五百多米，从江岸上就可以把船只砸沉。就这样，一个火炮营在丁家洲上让宋朝最后的主力全部崩溃。伯颜再往前推进，所到地方，扬州、常州、苏州……宋军皆望风而逃，全部投降。

这个时候，六岁的小皇帝宋恭帝，在他的母亲，二十四岁的赵太后的带领下，出城投降。伯颜号令三军将士，一个都不能进城。他自己进了城，然后带着投降的小皇帝和太后进了北京，宣告玉玺、账簿、天下的户口，全都移交给忽必烈。从这一年，也就是1277年开始，中国就已经是元朝了。在丁家洲大战、皇帝投降之后，陆秀夫带着小皇帝和辅将等几个人，逃到了广东的崖山，也即今天的新会县。1279年2月，陆秀夫背着小皇帝在崖山投海自尽。可以这么说，1279年2月之后，如果说南宋还有一块领土，那就是只有十平方公里的钓鱼城，其他全部都在蒙古人的铁蹄下了。

关于钓鱼城这场战役，我前面跟大家讲的是它的简单脉络。下面我再讲一讲钓鱼城的三位守将。第一个是张珏，第二个是王坚，第三个是王立。王坚、王立是南阳人，张珏是陕西凤县人。这三位守将中，坚持时间最长，打得最惨、最艰难的是张珏。张珏后来成了重庆知府。是谁任命的呢？就是皇帝投降之前任命的。当时，任命书并没有送达，全国的驿路都断了，送到时已经是两年之后了。但张珏还很当回事儿，他说这是皇帝亲自任命的。皇帝已经投降了，住在忽必烈帐篷旁边，但张珏认为，不管皇帝到了哪儿，只要是皇帝的圣旨，自己就得执行。这个人物在未来的电视剧和我的小说里，都会起非常重要的作用。他是中华传统价值观坚守的"模范"。蒙哥死了以后，王坚的声名如日中天，引起了贾似道等一帮人的不满。他年龄到了六十后，希望皇帝同意他退休，就是把他调回去，安排在"二级岗位"上，于是他就回到了杭州，赋闲三个月，什么事都没有做。后来有人帮他说话，说这么一个人，蒙哥都在与他的战斗中阵亡了，怎么也得给他一点封赠吧？于是皇帝封了他一个公侯伯子男，是第三等爵位。王坚后来在安徽当了一个闲差，最后死在这个闲差上。王立这个人物，后来有一些人说，怎么别人都死了，他倒挺幸福的？其实，从历史发展观来看，对王立的这样一种评价是不够公平的。张珏、王坚和王立，这三个人各有建树和特点，都是英雄，只是张珏身上的悲剧意义更大。所以我想到这三个人的时候，觉得我们应该把他们的性格、他们的功劳、他们的哲学分开，不能用一个价值标准去衡量这三个人。这是我要讲的第二个问题，即对三个历史人物、三位守将的评价问题。

第三点，我讲一讲这场战役的性质。我们现在说中国古代有秦、汉、隋、唐、宋、元、明、清等朝代，但我们的古人并不说元朝，也不把它算在中华的大一统国家之内。古代民间总是说北方民族是"鞑虏"。但是要知道，我们的二十四史里，几乎有一半的历史是汉族人眼中的

184

"少数民族"的。认识清楚了这个问题，我们可能就会对钓鱼城的意义认识得更充分一些。

去年我来合川，几位领导和朋友陪我上山的时候，我就看到摩崖石刻里有一块方形石刻，好像是1946年刻上去的，刻的是抗日名将孙元良游览钓鱼城后写下的一首诗："元鞑逞淫威，钓鱼城不破。伟哉我先烈，雄风万世播。"这好像是钓鱼城对外宣传的基调。元朝的这些"鞑虏"在这儿逞淫威，但我钓鱼城就没被你攻破，我们的先烈们的英雄豪气将会万世传播，这个观点错没错呢？从汉族人的立场上看，当然没错，但站在整个中华民族的立场上，我们就需要重新探讨一下了。

我在写《大金王朝》的时候，也碰到过同样的问题。在《大金王朝》开笔之后那一年冬天，我在金上京阿城的那片废墟上盘桓，捡了几块残砖断瓦。第二年春天，也真是巧合，岳飞的故里汤阴县邀请我去，说是正逢岳飞岳武穆诞辰多少多少年，请我去参加在汤阴举办的一个笔会。去了以后，我就有一个对比，在头一年冬天，我听到的全是金兀术、宗旺、宗汉这些女真英雄的故事——金上京阿城的当地人给我讲得情理并茂，都是可歌可泣的英雄业绩；三个月以后我到了汤阴，当地人给我讲的，全是岳武穆如何如何抗击金兵的可歌可泣的英雄事业。我当时就想到，我们现在不是一个国家吗？为什么我们的价值判断还如此分裂？这引起了我的深思。这个时候我又想到，明朝朱元璋得了天下之后，第一件事就是在嘉峪关修长城，河西走廊不要了，西藏也不要了。他说，那不是我汉族的。但他这样做，真的对吗？这些问题困扰和折磨了我很长时间。在写《大金王朝》的时候，我想，我该怎样处理民族立场，以及战争中的双方呢？我后来想明白了，他们都是我们的英雄，都是值得我们纪念的人。

在忽必烈手上，一千四百多万平方公里的土地全是中华的，只有十来平方公里的钓鱼城不是。这时，王立发挥了重要作用。当时，忽必烈已经派知县去了，这一块地方终究要并入中华的版图。而且以前蒙哥说过，他日必屠之，就是说要屠城，要把这里所有的人都杀掉。那你怎么办？再坚持下去，粮食没有，弹药也没有了。而且当时这里的生育率极低，因为长期生活在熬硝的毒气中，导致妇女不孕，再坚持下去已经非常困难。在这个时候，王立采取了措施。但仅仅王立采取措施也不行，为什么？还需要忽必烈的仁慈。最终，忽必烈为了钓鱼城这件事情，向他的列宗列祖祷告，说他背叛了自己的哥哥。哥哥要屠城，他却一个也不想杀。所以在这个时候，钓鱼城命运的控制权已经不在王立那里，也不在钓鱼城的四万多人手上，而是在忽必烈手上。忽必烈说要杀，没有多大困难，但他坚持不杀。所以，我认为，历史上还有一个拯救了钓鱼岛的人物，就是忽必烈。

辨析清楚了这个历史事件和这场战役，其实就会发现，王立的历史地位也得到了重新认识。现在来看，钓鱼城对于我们这个民族的意义在哪里？就是我们突破了原有的历史观和价值观对我们的束缚，我们从汉族本位的立场，转向了真正的中华民族的立场上。

清朝的时候，孙中山要推翻大清王朝，提出的口号是"驱除鞑虏，恢复中华"。有一次我在全国政协会议上发言，我说：没有"鞑虏"，何来"中华"？汉、满、蒙、回、藏是我们的民族代表！在这样一种情况之下，我们的大历史观、民族观应发生根本的改变。所以我说，钓鱼城在历史上的意义，是在朝代的转换之中，有它的特殊作用。王立的明智之举，忽必烈作为开国皇帝的大度，都是历史进程中的明智选择。

这场战役，留给我们的，还有一些什么思考呢？我认为，还有一个更重要的思考，就是我们该怎样从意识形态回归到文化本身？我在看钓鱼城之前，看过世界上两个著名的小城，一个是比利时的滑铁卢小镇，那是拿破仑彻底失败的地方；一个是美国宾夕法尼亚州的葛底斯堡小镇。那些小镇，就跟钓鱼城一样，都是战争最终的结束地。结束了欧洲中世纪之战的拿破仑，在滑铁卢彻底失败；在葛底斯堡，美国南北战争中的失败者是李将军。最终，这两个地方都矗立起了纪念碑。这些纪念碑我都仔细看过，最高大的纪念碑，是为失败一方的指挥官竖立的。葛底斯堡那个纪念碑旁边，有李将军巨大的塑像；滑铁卢小镇有拿破仑的塑像。美国人的历史区分南北战争两个阶段，一个叫有限战争，就是双方都认为自己是对的，双方都认为自己要主宰美国，都要去攻克对方的首都；第二个叫革命战争，就是价值观改变了，一方要废除黑奴，另一方要保留黑奴。

钓鱼城之战也分两个阶段，一个是"卫国战争"——我要保卫我的大宋王朝；第二个是"新旧政权战争"。当那些识相的战友、朋友都来劝说王立他们投降时，为了给自己的部下争取最后生存的可能，他宣布投降，一个人骑着马走了。大家给他让出了宽广的通道，没有任何人围着他，也没有任何人说要把他抓起来当战俘。钓鱼城战役在我看来，与葛底斯堡战役、滑铁卢战役具有同等地位。那两个战争遗址都成了"世界文化遗产"，但我们的钓鱼城目前还不是。

我去看那两个战争遗址时，都再三徘徊。我到滑铁卢小镇的时候正逢下雨。而古战场葛底斯堡是一个很安静的地方，我走到纪念碑前，看到了林肯在葛底斯堡的演讲内容，林肯说：如今我们正在从事一场伟大的内战（他用了"伟大"两个字），以考验我们或任何一个受孕于自由并献身于上述思想的国家是否能够长久生存下去。……不让这些死者的牺牲——要使这个国家在上帝保佑下得到新生——要使这个民有、民治、民享的政府永世长存。

我觉得，林肯是已经站在人类最高端来看待和反思一场大战了。

离葛底斯堡纪念碑不远的地方，有李将军的塑像。我在塑像那里留了个影，作为纪念。我们常说"成者为王，败者为寇"，然而在人类共同命运这种思想前提之下，应该没有王、寇之分，只有英雄的地域之分。钓鱼城最后一颗炮弹石抛出去了，抛石机静静地在山上躺着。还有那么多长眠的人，钓鱼城让他们把一辈子都留在了这里。一位守城的老兵，奉献了青春，奉献了中年，奉献了老年，最终跟着守城的、宁死不屈的人一起，用仅有的一只胳膊拿过利剑自刎了。为什么会这样？这是为了信念。这值得尊敬。但更值得尊敬的是，第一，为了中华而决战，第二，当敌人变成中华的人之后，我们还可以成为朋友，还可以"相逢一笑泯恩仇"。大中华永远都在。谢谢大家！

附：回答听众提问

听众：熊老师您好！我是合川人，特别高兴您带着这个强大的团队来到合川，准备为我们创作《钓鱼城》这部作品。听了您的演讲，我想请教您一个问题，您在写这个小说的时候，会如何处理这段历史和文学的关系？谢谢。

熊召政：你问的这个问题，也正是一直在折磨我的问题。我在第一阶段先写了一个大纲，既是个思想大纲，也是个历史线索大纲。有人误认为，我就是要把这样一个东西变成文学台本。我说不是的，我是要先把思想脉络整理出来。我写《大金王朝》时，看到网上有人评论说，《大金王朝》的优点是非常尊重历史事实，缺点是太过尊重了。我就想，在这一部历史小说里，我的故事只要不离开我刚才说的历史本来的价值，只要不离开这种战争的历史面貌，其他很多地方，我都可以进行合理的虚构和重新塑造。我可以塑造人物，但不能塑造历史。谢谢。

听众：熊老师您好，很荣幸能够聆听您今天的讲座。我也是合川人，目前在戏剧学院的一个协会工作。我想请教您一个问题，关于钓鱼城题材的作品比较多，有歌剧，也有电视连续剧，所以我想知道，您打算从哪些比较独特的视点和角度去呈现这样一个历史事件？会是怎样独特的创意？能不能提前给我们"剧透"一下？

熊召政：具体写什么，说实话，我还没有得到我的"东家"的指示。作家有一个特点，第一阶段好像他是"王"，但是合同一签，就变成了"打工的"。我有"东家"，"东家"是有规矩和要求的。我会有很多种设想、很多种方案，但有一点我可以跟你讲，就是"语不惊人死不休"。这是我的决心，也是我的信心。把历史风貌展现得真实且灿烂，这也是我的责任。谢谢。

2021年5月16日
在重庆合川《钓鱼城》开笔仪式上的演讲

钓鱼城战役对中华及世界的意义

衣冠南渡与江南读书人

一

中国历史的进程，大致可分为中原、中国与中华三个阶段。中原是中华文明的发源地，从远古的夏、商、周到秦、汉，以及中古的唐、宋、元、明乃至近代的清朝，无不定都于中原。秦岭、太行山和燕山山脉的两侧，以及有着众多支流的黄河的中下游两岸，皆属于中原的范畴，涵盖了今天的陕西、山西、河北、河南、山东诸省。除了奠定江山社稷的中央政权，孕育中华文化思想内核的先秦诸子百家，十之八九也都诞生于中原。古人说"得中原者得天下"，是因为这里人口稠密，人才辈出，交通发达，物产丰富，占据了中原，就取得了号令天下的绝对优势。

在历史上，中原不仅仅是一个地域的概念，更是一个文化的象征。从商代开始，在它的首都朝歌，就可以获得丰富的物质生活以及高级的精神享受。这是一片政治色彩非常浓郁的土地，圣贤们要么掌控了国家的权力，要么拥有了化育苍生的能力。一代一代的人民，从婚丧嫁娶、祭祀仪典中建立了生活的秩序与传统；而一代又一代的统治者，也从兴亡盛衰、时序更替中认识了自己的宿命。中原是真正的文化高地，是中华文明诞生的摇篮。

当我们理解了中原的重要性与特殊性，好奇心会驱使我们提出这样一个问题：在中华大地上，还有没有另外的地方能与中原媲美呢？

回答是肯定的，有！这个地方就是江南。

二

少时读唐诗词，有两首，我读一遍就记住了，第一首是白居易的《忆江南》：

> 江南好，风景旧曾谙。
> 日出江花红胜火，春来江水绿如蓝。
> 能不忆江南？

第二首是杜牧的《江南春》：

> 千里莺啼绿映红，水村山郭酒旗风。

南朝四百八十寺，多少楼台烟雨中。

这两首诗词，第一首描写的是风景，第二首描述的是人文。因为白居易《忆江南》表达的缱绻深情，我想到了张若虚的《春江花月夜》，想到了柳永的《望海潮》。无论是富春山居，还是钱塘江潮；无论是剡溪访友，还是枫桥夜泊，都令我心向往之。因为杜牧的《江南春》，我又想到了"烟花三月下扬州"的李白，想到了"山重水复疑无路，柳暗花明又一村"的陆游。南朝以及后来各朝建于江南的重要寺院，我差不多全都参访过了，无论是"悲欣交集"的李叔同，还是"僧衣葬我"的苏曼殊，都让我体会到了沉浸在暮鼓晨钟里的诗意。后来，我读到了唐代韦庄的《菩萨蛮》：

> 人人尽说江南好，
> 游人只合江南老。
> 春水碧于天，
> 画船听雨眠。
>
> 垆边人似月，
> 皓腕凝霜雪。
> 未老莫还乡，
> 还乡须断肠。

韦庄对江南，可谓爱之弥深了。王粲在《登楼赋》中这样表达："虽信美而非吾土兮，曾何足以少留！"他的意思是说：再美的江山，只要不是我的故乡，我也不愿久留。透过诗句看作者背后的人生，王粲表达的是一种"花近高楼伤客心，万方多难此登临"（杜甫句）的政治情结；韦庄表达的却是一种"青山一道同云雨，明月何曾是两乡"（王昌龄句）的文人情怀。通过历代诗人的作品，我们不难发现，中原是读书人心中的"故国"，而江南则是他们念想的家园，或者更诗意一点说，江南是中国文人的梦，是他们心中温暖的乡愁。

三

江南，作为一个地理概念，有着很大的伸缩性。从广义上讲，长江之南，皆为江南。但人们从心理上接受的，则是狭义的江南，即今天的江、浙、沪及赣东、皖南一带。它的地域面积，比以河南为中心的中原要小。江南的概念，最早出现于唐朝。贞观元年（627年），天下分为十"道"，其中有一个"江南道"，但其辖区的范围限于长江中下游，并不包括浙江。那时的苏杭一带，属于浙江西道。研究历史，我们就会发现，行政区划的江南、地理概念的江南与文化范畴的江南，三者不尽相同。我心目中的江南，就是文化范畴的江南。

同一种文化的根脉，同一种人性的历史，注定一个地方文化具有唯一性与独特性。但是这种文化的坚持与演变，也会受到气候与地域的限制。江南处于亚热带向暖温带过渡的地区。据竺可桢先生《中国近五千年来气候变迁的初步研究》一书所言，中国气候有着从暖湿逐步变得冷干的总趋势。相比于黄河流域、长江上游地区，江南的气象灾难少了许多。但它仍不可能"独善其身"。有关资料显示，距今五千三百年至四千年的良渚文化在钱塘江与太湖流域的突然中断，就与降雨量增多，导致海平面上升而引发的特大洪灾有着直接关系。

比之岭南的温热、塞北的干冷，以及中原的冷热不调，江南在五千年中国历史中是气候最好的地区——不是没有灾难，而是没有经历过灭顶之灾。四季分明，冬有雪，夏有雨，气温最高的时候，也是雨水最为充沛的季节。日照与雨水，保证了农作物的茁壮成长。"太湖熟，天下足。"从宋朝开始，"国家根本，仰给东南"，此后，江南一直是国家的经济中心。

温和的气候，充足的水源，宽阔的平原以及绵延的丘陵，使江南成为中国最适宜居住的地方。从春秋战国时代开始，江南的人口一直都在增加，甚至中原的战乱，都会给江南带来福祉。

四

有一个历史名词叫"衣冠南渡"。对于江南来说，这个词意味着文化的升华、人口的红利。为什么这么说呢？

"衣冠南渡"一词出于唐代史学家刘知幾的《史通·邑里篇》，原指西晋末年天下大乱，大批中原士族随着晋王室背井离乡，迁徙到江南居住。此后，这个词语成为熟典，专指中央政权在中原无法坚持，为躲避战乱而搬迁到江南，并有大量官僚及贵族随行。

在中国历史上，大规模的衣冠南渡，一共发生过三次。第一次在西晋末年的永嘉之乱时，第二次在唐由盛转衰的安史之乱时，第三次在导致北宋崩溃的靖康之乱时。

永嘉之乱发生于晋怀帝当政时的公元311年（永嘉五年）5月27日；安史之乱发生于唐玄宗在位时的公元755年（天宝十四年）12月16日；靖康之乱发生于宋钦宗登基的第二年，即公元1127年（靖康二年）。这一年春节，北宋首都汴京被女真人的部队攻陷，徽宗赵佶、钦宗赵桓父子二人被金军掳入大营。三次衣冠南渡，前后相隔八百余年。晋元帝司马睿逃离洛阳，渡江至建康（今南京），建立了东晋；安史之乱后，离开中原的唐皇室也逃至金陵（今南京），建立了南唐；靖康之乱后，徽宗的九太子赵构仓皇南渡，在临安（今杭州）建立了南宋。经过这三次政权及士庶的大规模南移，中国的经济中心最终也从中原地区转移到了江南地区。

　　尽管从良渚文化中，我们看到了太古时期在这一片水乡泽国升起的文明的曙光；从《越绝书》与《吴越春秋》中，我们可以窥测春秋至战国时期，这一地区诸侯的此起彼伏，经济发展的盈虚消长，但从总体上看，远古的江南仍然处于潜龙在渊的蛰伏期。晋元帝时的第一次衣冠南渡，从文化角度看，是江南的里程碑式的事件。东晋政权持续了大约一百年的光景，兹后的江南转入南朝。南朝是宋、齐、梁、陈四个朝廷的总称，存续近一百七十年。四个朝廷中，最长的国祚五十九年，最短的只有二十三年。昏庸的皇帝，短命的君王，多半都成为历史的殷鉴，后世的笑柄。

　　但我们不能不看到，政权在哪里，中心就在哪里。之所以会有"条条道路通罗马"这样的说法，不为别的，就因为罗马一度是整个欧洲文明的中心。在南北朝时期，分裂的中国形成了两个中心，一个是胡人政权控制的中原，一个是汉人政权控制的江南。北朝历经北魏、东魏、西魏、北齐和北周，皇帝均出自鲜卑族。北朝的统治者们采取的文化政策往往互相抵触，北魏极力推动汉化，北齐又竭力保持胡化，但更多的时候，我们看到的是胡汉融合。而以儒家为主、道家为辅的中原文化，遭到了空前的挑战，留在中原的缙绅贵族为求生存，不得不放下身段，与胡人统治者小心翼翼地沟通与交涉，文化的优越感丧失净尽，优雅的君子变成了威权的难民。结果，经过几代人的改造，中原的士族几乎消失殆尽。

而此一时期的南朝，虽然每一个王朝都很短暂，但皇帝几乎全是汉人。在中原遭到摧残的汉文化，在这里得到了很好的保存、传承和蓬勃的发展。我们今天说，中华文化是中华大地上所有民族共同创造的文化，但不可否认，中华文化的主干是汉文化，它的摇篮在中原。衣冠南渡之后，江南承继了汉文化的根脉。因此，如果说中原是汉文化的原乡，江南就是汉文化的第二个故乡。

在公元3世纪到6世纪之间，中原的"胡化"与江南的"汉化"，在如火如荼地进行。南北相同的人文风景，就是佛教开始大规模进入中国。北朝的佛教自鲜卑人创建的北魏开始，开凿了很多石窟，如山西云冈石窟、洛阳龙门石窟等等。而在南朝，无论是萧梁还是刘宋，无论是纨绔子弟一样的陈后主，还是离不开江南的喜怒无常的隋炀帝，对佛教的痴迷都达到了常人难以想象的地步。我曾说过，风俗自下而上，风尚自上而下。皇帝的嗜好与推崇，是对社会活动的最大引领。皇帝既然佛不离口，达贵官人便争相皈依，甚至舍家为寺，老百姓也无不捐资建设丛林。杜牧所言"南朝四百八十寺"并非虚言。那一时间，不仅仅是在江南，被南朝控制的巴蜀、荆楚及吴越，都沉浸在寺庙建设的热潮中。至今，在长江流域还能看到一些保存下来的南朝寺庙，如四川的宝光寺、重庆的缙云寺、湖北当阳的玉泉寺、江西庐山的东林寺等等。当然，保存最多的南朝寺庙，还是在江南的核心地区，即现在的江浙一带。

南北朝时期是佛教进入中国，掀起第一次浪潮的时期。所不同的是，北朝佛教保留了印度佛教的洞窟特征。而在南朝，佛教不再只是存在于山野，而更多地进入了城市。洞窟佛像有时会遭受雨水侵蚀，长满青苔，甚至坍塌；但建在城中的寺庙却有众多僧人拂拭照料。中原与江南两地的统治者们，由于文化的选择与民族的禀赋不一样，接受佛教时也表现出不同的特点。胡人更多地选择了继承，而汉人选择了创新，这不仅仅表现在形式上，还表现在理论上。

天台宗的创立，应该是佛教中国化的第一个里程碑。出生于湖北公安县一个官宦家庭的智顗，俗姓陈，由于厌恶尘世，很早就出家为僧。他虽然出生在江汉平原，但他出家后的活动范围，基本是在江浙地区。他留心佛理，对《妙法莲华经》钻研尤深，经常在金陵、临安、扬州等地大寺中做讲座，其盛况可以说是万人空巷。他先是名动京师，继而闻名朝野，先后成为四朝"国师"。他曾为陈后主与隋炀帝剃度，并为其举行了姿态性的出家仪式。这在当时也是非常轰动的事件。隋炀帝尊称他为"智者大师"，即政统与道统以及民众都尊崇的大师。他发展了自己的老师慧思"一心三观"的理论，认为我们看到的世间有三千种，每一种都存在于自身的"一念"之中，这就是著名的"一念三千"之说。在他的思想弘扬时，中国佛教的第一个宗派产生了，这就是天台宗。这个宗派因为发脉于《妙法莲华经》，因此也称法华宗。智者大师喜欢天台山，得到皇家的支持后，在那里修建了一座国清寺，天台宗也是因此而得名。

湖北有三个人，他们的家乡在荆州，但一生的事业都在江南。第一个是伍子胥，他从楚国逃难到苏州，帮助吴王成为南方霸主；第二个是智顗；第三个是陆羽，他在杭州写出了《茶经》。而在佛教领域，智顗是一位承前启后的大师，是佛教中国化漫长道路的开拓者之一。因为他的功绩，世人称他为"东土小释迦"。

汉人的信仰，波动性比较大，从无到有，从怀疑到狂热，又从狂热到平淡。从庙堂到民间，又从达贵官人到普通民众，此起彼伏，潮涨潮落。尽管这样，我们仍然可以判断，江南地区的佛教信仰程度，较之其他的汉人聚居区，要高出许多。这一点，也可以归功于衣冠南渡。

五

我们前面已经说过，持续八百多年的衣冠南渡，让江南继中原之后成为中国第二个文化高地。在相当长的时间内，中国文人的政治情结在中原，文化情结却在江南。这一点在南宋时期表现得尤为突出。

出生于越州山阴的南宋大诗人陆游，一岁时，北宋即灭亡，第三次衣冠南渡，贯穿了他的童年与青年时期。因为宋、金南北分治，陆游从未去过中原。但是，他八十五岁那年去世时，留下了绝笔诗《示儿》：

死去元知万事空，但悲不见九州同。
王师北定中原日，家祭无忘告乃翁。

比陆游晚生了一百二十九年的赵孟頫，是宋太祖赵匡胤的第十一世孙，早就成了地地道道的吴兴人。我想，他的远祖肯定是衣冠南渡的旺族。但那一次靖康之难，他只能从记载与传说中获知。真正让他体会到亡国之痛的是南宋的灭亡。这位名垂千古的大艺术家，反省自己的家国之恨，写了一首《岳鄂王墓》，中间两句是：

南渡君臣轻社稷，中原父老望旌旗。

陆游是江南原居民的族裔，赵孟頫是南渡人的后代。可是他们对中原都有着躲绕不开、挥之不去的乡愁。这乡愁不是淡淡的，而是浓得化不开，既联系着个人的命运，更附着于社稷。

皇帝级的江南文人，非南唐后主李煜莫属了。赵匡胤统一中国，灭掉了定都金陵的南唐。当了俘虏的李煜，被押解到黄河边上的汴京。北地的奢华又怎能与南地的胭脂相比？深沉的去国怀乡之痛，让李煜写下了好多脍炙人口的佳作，而《虞美人》是他生命中的最后一首词：

> 春花秋月何时了？
> 往事知多少。
> 小楼昨夜又东风，
> 故国不堪回首月明中。
>
> 雕栏玉砌应犹在，
> 只是朱颜改。
> 问君能有几多愁？
> 恰似一江春水向东流。

据说宋太宗赵光义看了这首词后，怕李后主逃回江南复辟，故下药将他毒死。可怜的绝代词人，在四十一岁时死于非命。宋代开国皇帝赵匡胤立下一条规矩，告诫后代的皇帝们，不可杀害文人——李煜可能是唯一被杀的文人。不过，如果李煜不是南唐的皇帝而只是一个诗人，兴许他不会遭此毒手。

李煜的词凄婉、艳丽，以堪称世界上最美的诗，换来生命的摧残与凋谢，后世没有哪一位文人的命运比李煜更为悲惨。相比之下，出生于杭州临安的钱镠，日子就好过多了。钱镠出身贫民，二十四岁时应召成为乡勇，后因军功累升军职，二十二年后控制两浙，成为一方诸侯，又过了十年，被篡唐称帝的朱温封为吴越王。公元932年，八十岁的钱镠在吴越王的任上去世，可谓善始善终。

我之所以提到这位吴越王，乃是为了将他与李煜做对比。钱镠也喜好写诗，但其存世的诗作只有三首。在五代十国时期，他的诗算不上上乘之作，但他却因为一首诗而在历史上留下了一个笑话。

与钱镠同时期的大和尚贯休，也是浙江人，七岁时在家乡兰溪出家。他一生苦节厉行，诗作、画作皆名冠一时。唐朝灭亡时，他已届晚年，但他仍离开家乡前往蜀国。蜀主王建接见他，称其为奇才，封他为"禅月大师"。七十多岁时，他返回家乡，为了晋见开府于杭州的镇海镇东两军节度使钱镠，写了一首《献钱尚父》，并专程从挂单的灵隐寺送往钱府。这首诗是这样写的：

贵逼人来不自由，龙骧凤翥势难收。
满堂花醉三千客，一剑霜寒十四州。
鼓角揭天嘉气冷，风涛动地海山秋。
东南永作金天柱，谁羡当时万户侯。

钱镠看了这首诗，非常喜欢，他让门人转达他的意见说，若要让他接见贯休，则有一个小小的要求，即将"一剑霜寒十四州"这句改成"一剑霜寒四十州"。贯休听后，断然拒绝了，因为钱镠平定江南，只平定了十四州，若改成四十州，这就不是一般的夸大其词，而是贪天功为己有了。贯休说："州难添，诗亦难改。"接着又写了四句诗送给钱镠：

> 不羡荣华不惧威，添州改字总难依。
> 闲云野鹤无常住，何处江天不可飞？

贯休与钱镠，都是杰出的浙江人。但文武之别，让两人坐不到一条板凳上。钱镠觉得，改一个字有什么难的？贯休认为，改一字就成了拍马屁。其实，钱镠哪用得着让贯休改，他自己动手改就行了。由此可见，钱镠还是尊重文人的。

这位吴越王还留有一段文学佳话，至今仍为人们津津乐道——他为后世留下了一封最短的，也是最美的家书。他的夫人戴氏回娘家住了些时日，他想念夫人了，就写了一封信去，信里只有一句："陌上花开，可缓缓归矣！"写得很美！意思是说：你看，田埂上的野花都盛开了，你是不是可以一边赏花、一边慢慢回来了？这也算是江南风雅之一例。

宋太宗如果能像钱镠这样有点风雅之意，就不会毒死李煜了。他也许可以把李煜找来，对他说："你不要说'春花秋月何时了，往事知多少？'你改成'春花秋月已经了，往事全忘掉'，朕就赦你不死。"由此可见，江南与中原的政治家，处理事情的态度有着天壤之别。不过，李煜说"雕栏玉砌应犹在"，贯休说"满堂花醉三千客"，简简单单的描述，就让我们领会了什么叫锦衣玉食，什么叫富贵熏天。看了他们的诗，我想到了那句老话，"上有天堂，下有苏杭"，这种赞美，绝非虚言。

六

春秋时期的政治家管仲曾说："仓廪实而知礼节，衣食足而知荣辱。"江南的发展史印证了这句话。

江南的自然条件得天独厚，因为太精致、太甜腻、太温润、太舒适，它似乎不大适合政治家生长，却是读书人、文学家与艺术家的天堂。当然，这片土地也诞生过杰出的思想家，如南宋的朱熹、明朝的王阳明等。但与中原的孔孟相比，他们的思想不是体系，而是脉络；不是创见，而是发明。他们很少仰望星空，时时都在俯瞰大地。

南宋之后，拜政治中心南移以及经济高速发展之所赐，江南的文化成为中华文化最为炫目的彩霞。南北朝时期应运而生的佛教信仰，以及南渡君臣带来的中原的风雅，是江南文化蓬勃发展的两大支柱。江南仿佛是一片温润的田野，吸纳着来自不同区域、不同族群的文化雨露。第一次衣冠南渡之后的一千年，江南在学习中博采众长；第三次衣冠南渡即赵宋王朝南渡之后，江南开始了它的文化的第二个一千年，这一阶段，江南文化开始塑造自己，丰富自己，超越自己。在良渚文化的废墟之地上，一座又一座新的文化圣殿建立起来。它们首先是寺庙，然后是书院，是道观，是茶楼，是秦淮河两岸的瓦肆勾栏，是西湖岸边的画舫和红馆，是绍兴的山阴道，是苏州的香雪海，是扬州的平山堂，是宁波的天一阁……

说到天一阁，首先得说说它的创建者范钦。他在公元1532年（嘉靖十一年）考中进士后，第一个像样的职务是随州知州。随州在今天的湖北，春秋战国时的曾国、随国都在那里，著名的曾侯乙编钟也在那里出土。在范钦之前，还有一个比他更为著名的人物当过随州的主官。不过，那时主官的官职不叫知州，而叫刺史。这个随州刺史就是日后建立了隋朝的杨坚。杨坚立国号为"隋"，与他曾出镇随州有着直接的关系。

范钦主随州时，曾侯乙编钟还埋在地下，但杨坚的故事已在当地流传。杨坚是帝王，却是武夫出身。范钦最后虽然被朝廷任命为兵部右侍郎，与军事沾了一点边，但没有到任就回到了家乡。他骨子里还是一位书生。他一生好读书，从博览群书到收藏群书，最后创建了天一阁。据介绍，范钦非常重视同代人的著作，藏书也以明刻本为主，尤其是明代地方志、政书和诗文集等等，蔚为大观。由此可见范钦的藏书选择，一是"厚今薄古"，二是以当代史志为收藏重点。

大家都知道，秦始皇焚书坑儒，被后世指斥为文化浩劫。也有一种说法是，秦始皇焚烧的书，多半是六国的史书。他这样做是因为统一中国之后，害怕被灭掉的六国遗民怀念故国，企图恢复过去的国家，这一点是秦始皇绝对不允许的，于是他下令焚毁六国史书，坑杀六国的读书人。后世的咒骂他听不到，但当时反抗秦政的力量，他必须一一肃清。

欲灭其国，先灭其史，这是统治者惯常的手法。欲爱其国，先述其史，这也是统治者提倡的事情。南宋之后，江南读书人的爱国情绪，大都表现在他们的诗文与史著中，也就是从那时候开始，笔记这一文体开始在江南流行。如果说官方修的是正史，那么，笔记则是文人著史的一个范例。笔记不全是史，凡为官之经历，旅途之见闻，读书之辩论，学问之杂识，皆可入集。因此，读一部文人笔记，就能知道这个文人的阅历、见识，并能了解他所处时代的朝廷制度、民情风俗。

我写历史小说《大金王朝》时，就采用了不少笔记文中的史料。如陆游的《老学庵笔记》，书中提供了大量的正史所不载的细节，如：

靖康二年，浙西路勤王兵，杭州二千人，湖州九百一十五人，秀州七百一十六人，平江府一千七百三十八人，常州七百八十五人，镇江府六百人，一路共六千七百五十四，以二月七日起发，东都之陷已累月矣。

从这段记述，我找到了李纲等主战派大臣提出的勤王之计被主和派大臣干扰而不得实施的佐证。又如：

集英殿宴金国人使，九盏：第一肉咸豉，第二爆肉双下角子，第三莲花肉油饼骨头，第四白肉胡饼，第五群仙炙太平毕罗，第六假圆鱼，第七柰花索粉，第八假沙鱼，第九水饭咸豉旋鲊瓜姜。看食：枣馉子、随饼、胡饼、環饼。

从这则记录中，可知道南宋朝廷国宴的饮食标准。只是菜单中竟然没有提到酒，女真人可是无酒不餐的。

我还想提另外一本笔记，即赵彦卫撰写的《云麓漫钞》。赵彦卫祖籍今河南开封，但他是南渡子弟，1140年（宋高宗绍兴十年）出生于江阴（今江苏）。他的《云麓漫钞》初名《拥炉闲话》，涉猎面广，其史记部分，也有许多可采之处。如有一段记述：

> 张忠文公叔夜稚仲，靖康间以南道总管知邓州，首提兵勤王，以不推戴异姓，取过军前……丁未年三月二十七日离京北去，道中不食。至白沟，或曰过界河也，仰天大呼，遂不复语，明日薨在易州孤山寨，五月十六日也。

由此我们知道，张叔夜不但是提出带兵勤王的第一人，汴京沦陷后他还在城内，因反对张邦昌称帝而遭到迫害，最后被金兵押解离京北上，过当时的界河白沟时绝食而死。这一则史料，在宋史中并未记载。张叔夜的勤王之举，以及他对赵宋王朝的忠诚，显然没有得到恰当的评价。

历史不是一门小学问，离开了历史，所有的学问都无可凭借。正史的撰写者，其史观与史识，代表的是他所服务的王朝；民间的著史者，多半会为我们透露些历史的真相、真实的声音，或者说，更接近于民众的视觉、旁观者的立场。内中所展现的反省的力量、洞察的本能，常常会让我们获得莫名的惊喜与新鲜的感受。

二十多年前，我在创作《张居正》这部历史小说时，也有三本笔记给了我很大的帮助。一本是《万历野获编》，一本是《菽园杂记》，一本是《松窗梦语》。《万历野获编》作者沈德符，浙江嘉兴人；《菽园杂记》作者陆容，江苏太仓人；《松窗梦语》作者张瀚，浙江杭州人。还有两本笔记也在我写作的参考书目中，一本是李诩的《戒庵老人漫笔》，一本是陆粲的《庚巳编》，李诩是江苏江阴人，陆粲是苏州人。这五部笔记的作者，都是江浙人氏，有的是南渡子弟，有的是本土书生。除陆容出生于15世纪中叶，余下的四位都是16世纪出生的人，与天一阁的创建者范钦处在同一时期，身份也极其相似，集官员与学者于一身。这些人中，张瀚的官最大，当到了吏部尚书，范钦的官不大不小，搁在今天，也是"副部级"官员。应该说，他们留给后世的并不是官阶政德，而是他们的著作。他们，包括前面提到的陆游与赵彦卫，没有一个人是以历史学家的身份传于后世的，但他们对历史的贡献，是让我们看到了历史最为璀璨的篇章。一部笔记是一串珍珠，无数串的珍珠串连起来，便是浩瀚的历史星空了。

所以，在江南读书人或曰江南文人这个群体中，范钦的贡献是独特而杰出的。他热衷于收藏当代人的著作、史志、文集，这是何等的远见卓识，他是在收藏中国文化的一个高峰，收藏江南历史的一片星空。

七

我第一次来天一阁，距今已经十几年了。那年我是同邵燕祥、方成、流沙河、王春瑜、陈四益几位老先生一起来的。如今，已有好几位作古了，当时最年轻的我，也快要进入古稀之年。那一次参观，因为时间匆忙，我没有留下什么深刻的印象。但是，回到宾馆后，我还是写了一首诗：

书香自古除铜臭，国运何须拜锦囊。
阁上风霜除欲尽，人间智慧味偏长。

重读十五年前的这首诗，我觉得"铜臭"这两个字可能会引起人们的误解。我并不排斥财富，一个健康的社会，也一定是仓廪实与知礼节两方面"美美与共"的社会，金山银山与绿水青山一点也不矛盾。我说的铜臭，是指财富拥有者用金钱作为评判社会的唯一标准，拥有财富不是罪恶，但"为富不仁"一定是罪恶。范钦家境殷实，他没有把金钱土地传给子孙，而是创建了一座千古不朽的天一阁。所以，书香中可以看到人格美，也可以看到家国情怀和社会美。这与我们今天正在探索的"在共同富裕中实现精神富有，在现代化先行中实现文化先行"的道路，是一脉相承的。只要天一阁的书香在，这绿水青山中的每一座城市，每一处乡村有书香滋润，我们江南的锦绣就会永远存在。

2021年10月8日
在第七届浙江书展"天一阁论坛"的演讲

河流是文明的摇篮

　　2008年上海世博会，我受命担任建造湖北馆的总策划，我为它提炼的主题是：水是我们的历史。这不仅仅是因为流经湖北的长江干流长达一千零六十一公里，还因为荆楚大地是千湖之省，长江的众多支流在这片大地上流淌，给世代在这里繁衍生息的子民带来无尽的恩赐。

　　人类历史最初发生的地方，都是在水边，无论是游牧民族还是农耕民族，概莫能外。水是生命之源，逐水而居是人类生活的基本特征。不同民族、不同国家都将哺育它们成长的河流称为母亲河。尼罗河之于埃及，伏尔加河之于俄罗斯，印度河、恒河之于印度，黄河、长江之于中国，几乎世界上所有伟大的文明都是在不同河流的两岸展开的。人类离开了水，犹如婴儿离开了母亲。

　　幼发拉底河与底格里斯河都发源于土耳其东部的高原，两河的源头相距不到八十公里，这种地理特点与黄河长江有相似之处。幼发拉底河与底格里斯河最终汇流成阿拉伯河，注入阿拉伯海，所以它们是一个水系。两河上游的巴比伦人，中游的阿拉米人和下游的赫梯人，为两河文明做出了杰出贡献。

黄河与长江，也可以称为中华民族的两河文明。底格里斯河与幼发拉底河之间，有一块巨大的平原，叫美索不达米亚。黄河与长江之间，也有一块巨大的平原，我们称之为中原。阿拉伯半岛上的两河文明，在美索不达米亚平原上得到充分而灿烂的体现。穿过五千年的漫长岁月，我们仍能感受到它的辉煌。在人类文明史上，可以与美索不达米亚平原媲美的，则是黄河与长江之间的中原了。

中原是中华文明的最早诞生地，我们传说中的炎黄二帝，以及尧舜禹汤等等，都曾在中国上演过一幕又一幕惊心动魄的历史大剧。古人说"得中原者得天下"，指的就是中原在中华民族享有的独一无二的特殊地位。如果说道德是历史的奠基石，智慧是历史的推动力，那么中国的中原在"己所不欲，勿施于人"的前提下，产生了"仁"，这是道德的内核；最初的中原人又在太阳崇拜的基础上产生了"天人合一"的天命观，这是智慧的内核。"仁"与"天人合一"是中原文明的显著特征。在公元前10世纪左右，阿拉伯半岛的两河文明与中华大地上的两河文明各自诞生了一个强大的帝国，美索不达米亚上的叫亚述帝国，中原的是周朝。亚述帝国成为人类历史上第一个横跨亚非两洲的军事强国；而周朝的疆域也第一次从中原扩大到了西北的昆仑山脉以及长江以南的广大区域。追根溯源，亚述帝国的建立者是幼发拉底河上游的闪米特人，这是一个有着历史确切记载的战斗民族，因此，亚述帝国是一个游牧民族建立的国家。周朝的建立者是西北的羌人，早在建国前的几个世纪，就由游牧民族变成了农耕民族。游牧民族是自然资源的享用者，而农耕民族是生产及生活资料的创造者。不同的身份决定了距今三千多年的这两个强大帝国有截然不同的文明特征。武力与掠夺成了亚述帝国的立国之本，扩张之因；道德与智慧，让周朝敬天法祖，循规蹈矩。文明的分野在于是神性主导还是人性发挥。在公元前10世纪，两个文明的分歧越来越大，在传承上各自有序，各自壮观——也可以说各强其强，各美其美。文明的多样性反映了人类的丰富性。"尔曹身与名俱灭，不废江河万古流"。只要幼发拉底河与底格里斯河没有断流，只要黄河与长江还在澎湃，只要地球上所有的母亲河都还在不舍昼夜地流淌，我们的文明就会奔流不息。

大河文明这个定义，既准确也不准确。水既是哺育人的母亲，也是吞噬人的野兽。水利与水患，总是结伴而行。最初的人类，是惧怕大江大河的，所有大河的入海口，都有一个冲积平原，如黄河入海口、长江入海口及珠江入海口等等。世界上的任何一处冲积平原都是人间的第一富贵之地，但那只是在人类掌握了化水患为水利的能力之后。此前，洪水应该是人类最为惧怕的灾难。《圣经》中记载的诺亚方舟的故事，就是人类惧怕洪灾的生动体现。无法抵御的滔天洪水，会给人带来灭顶之灾。在中国的历史传说中，大禹治水的故事几乎家喻户晓，因为他能够驯服洪水，所以他成为老百姓爱戴的领袖而得到了王位。楚国的孙叔敖也是一个水利专家，因此他成了楚国的令尹（相当于宰相）。从水利专家衍变成政治家，这样的例子在中国并不少见。

崇山峻岭，道路阻隔会让人更加孤立，"民至老死，不相往来"的情形在上古很长的时间内都很常见。封闭的、狭隘的环境不可能有大的文明的体系诞生。流动、开放是文明产生与发展的必备条件。

透过理性分析，我们看到澎湃的江河既孕育了文明，也摧毁了文明。水利让我们获得了生机，也看到了无常。远古的人类是如何趋利避害，既依赖水又躲避水的呢？最早的人类肯定没有挑战大江大河的勇气，他们会选择一些较小的河流岸边的高地来作为自己的定居地。所有大江大河都会有发达的水系。一些支流周围便成了远古先民的家乡。楚国的第一个都城丹阳，即丹水之阳。丹水是汉水的支流。得水利与地望之便，楚国迅速强大起来，加之治水能力的提高，最终选择了沮漳江汉之间的郢作为都邑——郢都建在江汉平原上，进出城邑既有陆路之门，也有供船只进出的水门。这样的都邑在战国时期是绝无仅有的。

楚国曾经是长江流域的霸主。而同为春秋五霸之一的晋国，则是黄河流域的一时之杰。人们通常用表里山河形容晋国的地理形势，山，指的是太行山与吕梁山，河却不是黄河，而是黄河的支流汾河。表是山，里为河。《山海经》记载："管涔之山，汾水出焉。"几年前，我去过管涔山，也探访过汾河之源。在这条河流的两岸，春秋以降的历史遗迹非常之多，最早的遗址，莫过于四千一百多年前的陶寺，那里是尧的都城。尧在那里留下了一座观象台，可以说，中华时间就是在陶寺诞生的。

长江的支流诞生了楚国，黄河的支流诞生了晋国，秦国在渭河流贯的关中崛起，诸如此类的例子不胜枚举。所以，在关注大河文明的时候，我们应该把更多的眼光投向这些大河的支流。近些年来，我造访过世界各地不少河流，如果有可能，我也会去这些大河的支流探访那些已经消失或正在消失的城邦与都邑。几年前，我专程造访了蒙古高原的西拉木伦河。这条河发源于大兴安岭的克什克腾山地，《吕氏春秋》与《淮南子》将其列为中国六大河流之一。西拉木伦河以及老哈河、大凌河的两岸诞生了距今六千至五千年的红山文化，它的文明的发育期早于黄河流域。公元10世纪初，契丹人在西拉木伦河边上的临潢府（今巴林左旗）建立了辽国。这个曾经雄踞一方的草原帝国，继承并拓展了红山文明，对游牧与农耕两种文化的融合进行了卓有成效的探索。契丹人的国祚持续了两个世纪之多，取代它的女真人在松花江的支流按出虎水建立了金国，大约一个半世纪后，又一个游牧民族蒙古横空出世——成吉思汗让松散的蒙古人结成了强大的同盟。蒙古铁骑不但横扫了欧亚大陆的尼罗河、幼发拉底河与底格里斯河、阿姆河、多瑙河与伏尔加河等等河流两岸的土地，也从成吉思汗的家乡鄂嫩河出发，一路向南，渡过了蒙古高原上的所有河流，跨过了海河、淮河、黄河与长江、珠江、澜沧江等等中华大地上的河流。

成吉思汗建立了蒙古帝国，但这是一个习惯住帐篷的英雄，他对任何的城市以及固定的住房都毫无兴趣。蒙古帝国的首都哈拉和林是成吉思汗的第三个儿子，汗位继承者窝阔台建造的。在13世纪的中叶，那里一度成为世界的中心。2019年的秋天，我来到哈拉和林的废墟，九个世纪前的繁华已经像浮云一样飘散，唯一没有改变的，是废墟旁边的鄂尔浑河，它依然默默地流淌着。在河边上，我想起成吉思汗的一句格言："越不可越之山则登其巅，渡不可渡之河则达彼岸。"

江、河，这些词，在不同语境下含蕴着不同的意象。"铁马冰河入梦来"，这是战争的誓言；"落月摇情满江树"，这是文明的浸染。河流，会因为战争的摧残而哭泣，有的时候，战争还会将河流的命运改变。

在鄂尔浑河岸边踱步的第二年夏天，我又来到内蒙古锡林郭勒草原深处的金莲川，这里也有一条河，叫闪电河，它同西拉木伦河一样，发源于大兴安岭，伸延到蒙古高原的克什克腾山地。西拉木伦河是辽河的上游，最终流向了渤海。闪电河是海河的上游，最后也是汇入了渤海。继鄂尔浑河边上的哈拉和林之后，闪电河边上的金莲川再次被蒙古人选择做了都城，不同的是，哈拉和林是蒙古帝国的首都，而金莲川则是大元帝国的首都。

蒙古帝国只能代表蒙古民族的辉煌，而大元帝国却是中华民族的一个值得骄傲的朝代。最终，创造大元帝国的忽必烈并没有在金莲川待得太久，而是决定将首都迁到北京。仅仅热爱家乡的河流，那是一个有着乡愁的英雄；热爱天下所有的河流，才是一个有着赤子之心的圣贤。

一条一条的母亲河，一条一条母亲河上的众多支流，养育了人类，尔后人类又养育了文明。这个过程是漫长的、曲折的。它有时可能像明月下的箫声那样飘逸，但更多的时候，它是枯燥的，只有回头时，你才看得见它的灿烂。有时候，在你的生命周期内，你发现时光过于冷漠，你想象中的理想国永远是一个抓不住的梦。但是，当你的子孙们置身于一个日新月异的时代，他们又会羡慕祖先们那种优哉游哉的生活。从表面上看，文明是非常复杂的；其实，文明是简单的。文明是一种习惯，文明更是一种本能。每一个地方，每一个民族呈现的文明形态不一样，是因为各自的生活习惯与风俗不一样。

水养育了人类的历史，大江大河水流澎湃，但文明

218

的发展不一定跟着一起澎湃。黄河是中国北方的母亲河，我们歌颂它，却也不能忘记松花江、辽河、海河等等；长江是中国南方的母亲河，我们赞美它，同样不要忘记了淮河、汉江、澜沧江、珠江等等。水养育了人类的历史，但众多的河流才是文明的摇篮——除了河流，还有湖泊、海洋。仁者乐山，智者乐水。如果我们要做仁慈的人，就要学会高山仰止；如果我们要做智慧的人，就要明白上善若水。仁慈与智慧合起来，就是文明。

2021年11月27日

在首届中国（武汉）文化旅游博览会大河文明论坛上的演讲